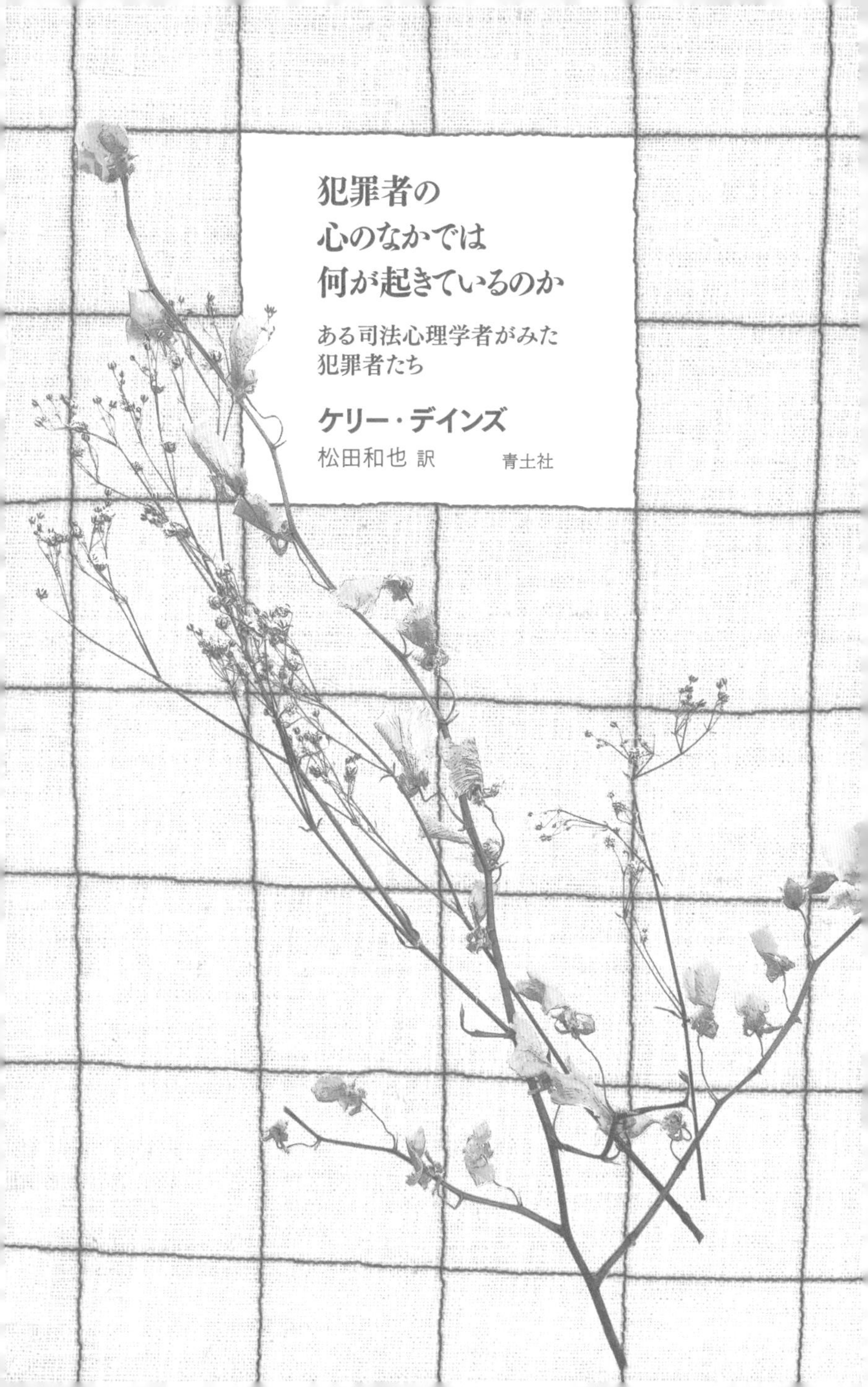

犯罪者の心のなかでは何が起きているのか

ある司法心理学者がみた犯罪者たち

ケリー・デインズ

松田和也 訳

青土社

犯罪者の心のなかでは何が起きているのか　ある司法心理学者がみた犯罪者たち

ママとパパ、それと姉さんに

著者註

本書に収録した物語は私の回想、体験、それと司法心理学者としての生活に基づいている。人名、および身元が判るような細部は、無辜の人々と有罪とされた人々のプライヴァシーを守るために変更した。そして何より、私自身を。それでなくてもうんざりするほどの時間を法廷で過してきたのだ。

訳者註

本文内の訳者註は＊を付し、その頁の左端に註文を入れた。

犯罪者の心のなかでは何が起きているのか

汝が深淵を覗くとき
深淵もまた汝を覗いている
——フリードリヒ・ニーチェ

プロローグ

患者がものをはっきり見えるように手助けしてあげる時もあれば、逆に患者に助けられる時だってある。

モーリスは八〇代、ひょろ長い痩身は関節炎で歪んでいて、遠くからだと節くれ立った山査子《さんざし》の老木みたいに見える。サイモン・コーウェルばりに、思いっきりハイウェストのパンツにタイトな白Tを着た山査子だけど。片眼は義眼で藪睨み。それが全身の左右非対称に輪を掛けている。

彼は直接私が担当していたわけではないけれど、先日私が資格取得を目指す心理学者として働くことになった病院の、隔離病棟の住人だった。その病院というのは陰鬱な北の街の外れの、無秩序に広がる貧困者向け公営住宅団地の端にあった――ま、砂でも噛んだみたいな感じのね。

精神保健法の下で隔離病棟に収容されたことのある人でないかぎり、こういう場所と昔ながらの監獄の違いなんてほとんど解らないだろうけど。この二つの施設は客の取り扱い方が全然違う。監獄だと、仕事のアプローチは公衆の治安と保護の必要に基づいて命令され支配される。だけどここみたいな隔離病棟の場合、アプローチは可能な限り制限を減らすことを主眼としている――つまり、より協働的に。単に閉じ込めるのではなく、積極的な世話を。囚人と同様、ここの人も自由ではない。自分や他人に危害を及ぼす危険がある。だがここの環境の多くは監獄よりも狭いけれど居心地の良い個室に分かれている。それと共用の生活エリア。そこでは職員が患者たちと並んでランチを摂るのも珍しくない。

そんなわけで気がつくと、私は火曜日と木曜日にはたいてい、モーリスのいる小さな別館に顔を出し、ミルトン病棟の人々と共にランチブレイクを過していたのだった。

モーリスの診断書を見ると、「性的サディズム障害」に悩まされていることが何度も言及されていた。「悩まされている」という言葉の皮肉は私にはよく解る。性的サディストというのは、他の生き物の苦痛、屈辱、あるいは苦悩全般に対して強烈な性的スリルを感じる。これはラテックスを着た奴隷とご主人様が双方の合意の上でやっているような実験的なスパンキングだとか、もっとエロくて創造的な狂態とは全然違うものだから。性的サディズムが障害と認定されるのは――そもそも障害はどんなものにでもあるのだけれど――同意のない相手に対して衝動のままに行動する場合だけだ。そこでひとつの疑問が生まれる。本当に「悩まされている」のはいったい誰なのか?

モーリスにとってのそれというのは、人気のない場所に隠れ潜んでいて、何も知らない少女や女たち相手に隠すべきモノをイキナリ出す、という意味だった。彼女たちの顔に表れる衝撃と恐怖こそが彼にとって、密やかで得も言われぬ性的快楽だったのだ。この安っぽいスリルへの嗜好のために、彼は若くして短期間監獄にぶち込まれたが、当然ながらそれで治まるものでもなかった。釈放後、病状はさらに悪化して、ついには彼の自宅で二人の女の死体が発見されるに至った。いずれもさまざまな深さの多数の刺し傷があり、特に乳房周辺に集中していた。明確な拷問の痕跡だ。今や隔離病棟に監禁されたモーリスはどこへ行くこともなくなった。二度と。

とある火曜日、別館でランチを摂っていた時に――スープとブレッド・ロールだけど――モーリスが背後から近づいて来て、全く文字通り、目にもとまらぬ速さでその義眼を自分の顔から取出し、私のハインツ・トマススープの中に放り込んだ。何が起きたのかも解らぬうちに、私は血のように赤い飛沫をひっ被り、スープは私をじろりと見返していた。

当時二四歳の乙女だった私はまだまだ青く、一瞬我を忘れて、まさしくモーリスが望んでいた通りの反応をしてしまった。叫び声を上げ、物理的に椅子から飛び跳ねたのだ。もともとケルト的な私の顔色は、もう蒼白いなんてものを通り越していた。イキナリ目の前のスープに目ができて、いったい誰が怯まずにいられる？

モーリスの義眼のことは知ってはいたけれど、図らずもそれがスープの中で背泳ぎしているのを見た日には、脳はそれを本物の目玉だと本能的に告げるのだということが判った。つまり他人の身体のゼリー状の部分だと。合理的な説明は――つまり、それは単なるデカいビー玉にすぎないという認識は――その場を揺るがすほどの叫び声を上げてから、暫く後にやって来るのだ。

私は素速く彼の顔を見た――目玉のあったところは虚ろな空洞になっている。健康な方の目はじっと私を見て、反応を見守っている――男の看護師に連れ去られる時、そこに隠しきれないにやにや笑いがあった。私は自分を責めた。この爺さんにまんまと一杯食わされてしまったのだ。

これはいわゆる「犯罪類似行動」の事例――犯罪行動と類似する、あるいは同じ機能を果すパターンの行動だ。モーリスにとっては、突然特定の身体部位を露出することによってすぐそこの女の顔に恐怖と嫌悪を惹き起こすことによる征服感は、病院に監禁されている環境の中でもこの上なく素晴らしいものだったのだ。

その日、モーリスの罠に嵌ったのは酷い屈辱だった。だがその体験のお陰で、自分が選んだ職業について極めて多くのことを理解することができた。つまり、モーリスみたいな問題児にどう対処する？　この男の難問、そしてそれに対する私の反応は、私が日々従事している司法心理学の核心にある挑戦なのだ。

　モーリスへの対処は、ある人にとっては明らかだろう——単に作り物の目玉を没収すれば良いのでは？　だけど、私はこの物語におけるサディストじゃないんだ。クライアントを罰したり屈辱を与えるなんて、私の仕事でもなければ願望でもない。それに、単にそれを没収して事足れりとするのは、根本的な問題——彼が人を驚かして性的満足を得ようとする欲求——に向き合っているとは言えない。ガラスの義眼を彼から取り上げたら、彼の衝動はまた別の捌け口を求めるだけだ。それに忘れてはならない、人間の身体の一部を除去するというのは、たとえ人工の偽物であれ、かなり厄介な人権問題を惹き起こしかねない。

　モーリスと同じ部屋でランチを摂るなんて、わざわざ厄介事を惹き起こしてくれと言っているようなものだという人もいるだろう。いったい正気の女性が、有罪判決を受けた性犯罪者とランチを共にして、目を付けられないということがあるだろうか？（その目をスープに投げ込まれるのは想定外だとしてもだ）。だがこれは、被害者（この場合は、私）に責任を押しつけて、行動を変えさせようとする考えに他ならない——どこか別の場所でランチを摂れと。そして私の仕事は、モーリスのような人が彼らの行動を変えるのを手伝うことなのだ。さらに、彼の問題が必要としている酸素（モーリスの場合は、女への接近）を断ったからといって、それを殺せるとは限らない。それはますます生きるために死に物狂いになるかもしれないのだ。

杖だの石だので殴られれば骨も折れるかもしれないけど、ランチに目玉を入れられる程度のこと、せいぜい喉を詰まらせるくらいのもの。その日、あれこれ思い悩んだ末に思い出したのは、この環境の中で何であれ不快な行動を根絶するために効果的なアプローチは、単にそれを無視することだということ。ここならそうするのが安全。よちよち歩きの赤ん坊の親なら賛成してくれるだろう――それは行動心理学者の最も基本的なテクニックだ（行動心理学者は、氏か育ちかという論争の一方の側に決然として立っている。彼らは、生まれた時のわれわれは完全な白紙状態であり、他の人間から学んだことを行なうと主張する。その行動が誉められたり罰せられたりする度合いに応じて、それに固執するというのだ）。そしてよちよち歩きの赤ん坊の親なら賛同してくれるように、とある行動への求められる反応を提供しないことは、最も実行困難なアプローチでもある。

モーリスが引きずられて行き、私の心臓も少しゆっくりになった頃、もしもこの職業で上手くやりたいのなら――患者たちが提示する問題にベストなソリューションを見出したいなら――自分自身の感情的反応を無視する術を身に着けねばならない、と悟った。このような厄介な行動に対する自分自身の健全かつ自動的な反感を管理し、頓着せずに進めねばならない。目玉を脇に避け、平然とスープを飲み続けるべきだったのだ、私は。

＊

モーリスとのランチは、司法心理学者として過した二〇年間の、数多の異常な体験のたったひとつにすぎない。私は社会の最も厄介で痛ましい犯罪者たちを相手に仕事してきた。刑務所で、病院で、法廷で、警察署で、そしてどこにでもある住宅街や街の中で。それらの体験は私を変えたし、世界に対する見方を変えた。永遠にだ。

私は時に犯罪心理学者と紹介されることがある。まるでマフィアを飯の種にしているかのようだ。実際には、私は犯罪学（犯罪の傾向や犯罪防止の研究）とはほとんど関係がない。その他の私の専門外と言えば、例えば探偵業（容疑者を地面に組み伏せたことなどない）と病理学（屍体を切り刻んだこともない――とあるシリアルキラーに、七面鳥の解体を見せて貰ったことはあるけれど）。

全ての犯罪を犯すのは――その被害を受けるのも――人間だ。司法心理学の対象はまさにそれ。私の仕事の大きな部分は、犯罪を犯した人の再犯を減らそうとすることであり、究極的には社会をより安全な場所にすることだ。そのために、心理学の科学的手法を用いて犯罪行為の背後にある精神プロセスを理解しようと努める。つまり心理学者にとっての挑戦とは、人がその行動を改め、法を遵守する人間として生まれ変わり、新しい人生を開始するのを手伝うことだ。これはまさに聖杯と言える。とはいえ、私が普段やっているのは、放火から子殺しに至る極端な行動の万華鏡に対する安全で適切な反応の仕方を人に助言することだ。私の鑑定と査定、それに証言が、裁判官や陪審、仮釈放査察委員、警察やメンタルヘルスのサポートチームの決断に情報を提供する。その決断は、人々の人生に深甚な影響を及ぼす力を持っている。

それは刑事裁判とメンタルヘルス・システムの間に不器用に差し込まれた役割だ。重責と本質的欠陥を抱えたこの二つの機関は気難しい夫婦のようなもので、どちらも年老いて混乱している。まさにロアルド・ダールの『チャーリーとチョコレート工場』に出て来るじいちゃんばあちゃんみたいに、ひとつのベッドを共有することを余儀なくされているが、そこから出ようとすると動かなくなる。

私は自分が仕事をする相手を「クライアント」と呼ぶのを好む。嫌味なほどポリコレ的に聞える言葉かも知れない、司法心理学者よりもむしろネイリストに相応しいような。だが私は、たまたま私が相手をすることになった実に多種多様な人々に敬意を表する傘としてこの言葉を使う。不可避的な事実として、私のクライアントのほとんどは男性だが、時には女性もいる。犯罪者のみならず、その被害者もまた私のクライアントだ。そしてしばしば、私のクライアントは人生のある時点において、その両方を兼ねていたのだ。

＊

人は常に、犯罪と犯罪者に病的なまでに魅了されてきた——切り裂きジャックを巡る仮説から、スティーヴン・エイヴリーの判決に関する論争まで——特に、最も神聖な社会の価値観を蹂躙し、われわれ全員にとって理解を絶する残虐な暴力や性的犯罪を犯した者。ルールブックに則って競技をするわれわれにとっては、敢えてそれを破り捨てることを選んだ人間ほど魅力的で忌々しい存在は滅多にない。ならば、ニュースや娯楽チャンネルが法の裏側の話で溢れ返っているのも当然なのだろう——それに対するわれわれの渇きが癒されることなど想像もできない。

だがこれらの話はたいていの場合、より大きな物語のほんの小さな一章に過ぎないものにのみ焦点を当てている。犯された犯罪、その後の捜査から裁判、犯人に対する判決、それだけだ。その後に起ることが語られることはほとんど無い。まるで犯罪者が、そして彼らの行為の全ての帰結が、煙のように消え失せたみたいに。だが当人にとって、あるいはその家族や被害者にとって、人生はそれで終るわけではない。彼らは死ぬまでそれを抱えて生きることを学ばねばならないのだ。心理学者はその物語のどの段階にも参加できるが、たいていの場合は公判が終結し、メディアと大衆の興味が失せた時点で、われわれが物語の主役となる。

本書で開陳する物語は、たぶん新聞には載ることのないものだ。司法心理学者というものの日常業務に焦点を当て、そのストレスと矛盾に満ちた、そして時には人生も良いもんだと思えることもある現実を語るつもり。

これらの話を選んだのには多くの理由がある――胸の張り裂けるような話もあれば、腹立たしいものもあり、また単に異常すぎるからという理由で取り上げたものもある。それらの共通点は、私自身が影響を受けたという個人的な感覚だ。それと、われわれが共有する人間の状態の極限について、それらが提供してくれる洞察である。

私が最も良く訊ねられる質問は――相手がちょっと言葉を交しただけのタクシーの運転手であれ、あるいは私の専門的な意見を求めている裁判官であれ――こういう人らって、絶対どっかおかしいんですよね？　である。言葉遣いは丁寧だったりそうでなかったりするが、誰もが同じことを知りたがる。重大犯罪を犯すような人はどっかおかしい、じゃあどこが？　だって、どこがおかしいのかが解れば、それを直せるでしょ？　さもなきゃ、どこか安全な場所に閉込めておくしかないし。

だが、この質問自体が間違っているということに私が気づくまでには、長い時間が――あまりにも長すぎる時間が掛ったのだ。

第１章

ここに怪物がいる

ある社会の文明の度合いは、その監獄に入れば判る

——フョードル・ドストエフスキー

私が司法心理学者ですと名乗ると、相手の人は普通はびっくりして、頭の中で、私が全然司法心理学者には見えない旨をできるだけ穏便に伝える言葉を探し出そうとする（ほとんどの人にとって、「司法心理学者」と聞いて思い浮かぶのは一九九〇年代のTVシリーズでロビー・コルトレインが演じた、厭世家のアル中でギャンブル中毒のクズ野郎である「クラッカー」のことだから）。すごく小柄ですねとか華奢ですねとか言われる。時には両手で奇妙な砂時計のような形を描いたりする。彼らが抜け目なく見て取り、しかしその表現に難渋しているのは、私が女性だという事実だ。

実際、私が知っている司法心理学者はほとんど女性である。女性は英国心理学協会（連合王国における臨床心理学者の職能協会）の七三%を占めており、[1] その司法部だけを取ると八〇%に跳ね上がる。何故これほど多くのX染色体が？　私は別に他の二〇三五人を代表しているわけではないけれど、心理学に興味を持ったのは、それが他の手段ではとても太刀打ちできない世界を理解するために、物事やモデル、理論を意味づけるための確実な方法だからだ。その取扱い説明書を所有することは安全とセキュリティを保証してくれるように見えた。それと、心理学には汲めども尽きぬ魅力があるということ。他の人の心の中のプライヴェートな出来事をあなた自身が垣間見ることができるのだ。若い頃の私にとっては堪らない魅力だった。

まあ正直言えば、一人の法学部生に心を揺さぶられてもいた。彼の名前は絶対に忘れられない――スティーヴン・P・イングリッシュ。シェフィールド大学で心理学の学位の一部として法律を選択したのは――ベスト・フレッシャーズ・ウィークの決断なんてみんなそうだけど――ホルモンと安物のシードルの影響下だった。私が法学を取ったのは、純粋に、単純に、講堂の後ろの席から彼の綺麗な頭を見詰めていることができたから。Pって何だろう、と想像しながら。完璧《パーフェクション》？　胸筋《ペクトラル》？　たぶん《パハープス》ね。

そんなわけで法学が楽しいってことに気づいたのは全くの偶然だった。で、司法心理学forensic psychology――forensicというのはラテン語で「法廷の《フォーラム》」を意味する単語――は賢い職業選択と思えた。ハッピーエンドはお伽噺だけのもので、私は実際にはスティーヴン・P・イングリッシュに話しかける勇気を振り絞ることがついに適わず、結局在学中は年上の博士課程の学生とデートする羽目となった。黒髪の長髪、手巻き煙草のチェーンスモーカーで、いつもドリザボーンのフルレングスの防水コートを着ていた。シェフィールドじゃいつものことだけど、雨が降っている時には、それに合わせた鍔広帽子を被っていた。学生会館のバーに入る時には、酒場に踏み込むクリント・イーストウッドばりに颯爽としていた。酒とか草とかがキマってる時には――これまたいつものこと――泣きじゃくって宣言した、「正義《ジャスティス》なんてない、俺たちだけだ《ジャスタス》」。何を言っているのか解らなかったし、たぶん本人もそうだったんだろう。

*

子供の頃、土曜の夜はよくおばあちゃん家で過していて、白黒TVでマカロニ・ウェスタンを見ていた。彼女は典型的なアイルランド系カトリックの家母長で、いつだって実際の年齢よりも少なくとも五〇歳は年上に見えるようにしていた。くりんくりんにパーマした髪を青く染め、クリンプリンのドレスにプラスティックのレインキャップ。マンチェスターのヨーグルト工場で働いていて、緑のゴム長が制服だったので、家族全員がヨーグルト工場の緑のゴム長を持っていた。私たちは座ってカウボーイ映画とか、ともかくジョン・ウェインが出ているやつを見た。おばあちゃんのお気に入りは『静かなる男』。私のお気に入りでもあった。というのも、モーリン・オハラは私が知っているただ一人の赤毛の映画スターだったから。赤毛がファッショナブルと言われるようになるより遙か前のことだ。いつもおばあちゃんと私と、大叔父の飼ってる黄色いカナリアのジョイだけ。悪いことをする人――おばあちゃんに言わせれば、「悪もん《バジャン》」――は、ありがたいくらい私とは懸け離れていて、何なら別の惑星から来た人みたいだった。

おばあちゃんと一緒に見た映画は善対悪という明解な観念を私に植え付けた。善の人は絶対に勝つのだ。映画以外の私の子供時代は全くの平穏無事だったので、その観念はすます強められた。幸運なことに私は安楽で平凡な家庭に育ち、私も家族も、当時私が知っていた誰であれ、犯罪に巻き込まれたことなどただの一度もなかった。一〇代の始め頃、私の一番身近な悪もんは、学校の女の子の話では公園に出るらしい露出狂とか、町内に泥棒が出たという時折のニュースくらいのものだった。当時の大きな犯罪の話を認識し、興味を持つようになったきっかけは、大学で深夜に治安に関する曖昧な会話をしたことくらいのものだ。

＊

大学にいた当時――一九九二年から一九九五年――治安は政治的アジェンダの試金石になっていた。一九九三年二月、当時二歳のジェイムズ・バルジャーがロバート・トンプソンとジョン・ヴェナブルズに拷問の末に殺害された。全国民が、ニューストランド・ショッピングセンターから連れ出されるジェイミーの姿を捕えたCCTVの映像を見た。犯人の一人がその手を引いていた。国中が恐怖と怒りを共有した。タブロイドの見出しはここぞとばかりに全力を出し（そこには寛容さのカケラもなかった、犯人たちが一〇歳だったというのに。いやむしろ犯人たちが一〇歳だったがゆえにだ）、二大政党はいずれも、犯罪に対する強硬路線こそが選挙に勝つチャンスと見た。

小学生の子供が人殺しをする事例などほとんど皆無だったにもかかわらず、影の内務大臣トニー・ブレアは直ぐさま、この事件は保守党の支配下においてこの国の道徳意識が「眠りこけている」ことの象徴だと宣言し、同時に労働党の「犯罪に厳しく、犯罪の原因に厳しい」政策を打ち出した。ジェイムズ殺害犯逮捕の数日後、当時の首相ジョン・メイジャーはこれに対し、社会に「刑罰を少し重く、理解を少なめに」することを求めた。これが受刑者の数の爆発的増加のきっかけとなり、(2)私のキャリアの間に実に倍以上に膨れ上がった。一九九二年に研究を始めた頃にはだいたい四万四〇〇〇人だったのが、二〇一八年には八万七〇〇〇人となったのだ。

刑務所はUKにおける司法心理学者の最大の雇い主だ。だから私は早い段階から、「塀の中」である程度の職業体験をしておくべきだと理解していた。刑務所勤めの心理学者は、受刑者の考えを変え、釈放後の再犯のリスクを減らすためにさまざまな犯罪行動プログラムを運営する。そしてこれは大衆の賛同を得た、苛酷だが効果的と思われる犯罪に対する姿勢の一部でもある——全く文字通りに。というのも、何百万ポンドという納税者のカネが、ちょうどこのようなプログラムの運営に注ぎ込まれ始めたばかりだったのだ。私にとっては刑務所は単なる刑罰でもなければ抑止力でもなく、リハビリと改善のための施設だった。袖を捲り上げて真剣に取りかかる覚悟はできていた。既に被害者と犯罪者の間の調停プログラム（その仕事の大部分は、両者が殴り合いになるのを止めること）にはボランティアで参加していたし、アプロプリエイト・アダルト*としての訓練を受けて、警察署の取り調べで無力な容疑者——問題を起した若者、学習障害やメンタルヘルス上の問題を抱えている人たち——と同席したこともあった。当時の私は気づいていなかったが、私だって一歩間違えればアプロプリエイト・アダルトのお世話になっていたかもしれないのだ。

　あの暴動の後でストレンジウェイズから改名したＨＭＰマンチェスター**は、短期間だが私が足を踏み入れた最初の刑務所だった。ちょうど二〇歳になったばかり。所内心理学者から短時間のキャリアトークの後、監房と教室が混ぜこぜになったＥ棟とＦ棟を案内して貰った。案内してくれた刑務官は貧乏籤を引かされたという態度を隠そうともせず、Ｅ棟の「二」（二階の監房）を大急ぎで回った。ぴかぴかに塗られた煉瓦に青い金属の扉と柵。ＨＭＰマンチェスターには自然光はほとんど無く、私の住んでいる学生アパートに似ていなくもない匂いがする。私は案内人と共に急ぎ足で回った。監房を通り過ぎる際には受刑者に微笑みかける——同じような灰色のスウェットシャツを着て、同じような薄いピンクの空間を彷徨いている。突如、館内全体に、「にゃーん！」という甲高い声が響き渡り、声のメキシカン・ウェイヴのようにヴィクトリア時代の穹窿《きゅうりゅう》に谺《こだま》した。何故あの人たちは猫の声なんて真似ているんですか、と案内人に訊ねる。彼は眼を丸くしただけだった（解らなかった人のために言うと、あれは受刑者仲間に「猫《プッシー》／まんこ」が来たことを報せる合図なのだ）。

＊

ＨＭＰウェイクフィールドの雰囲気は、それに比べて遙かに活気がなかった。

一九九六年の夏、大学を出て一年、スパイス・ガールズがナンバーワンで、本気で司法心理学者になりたくて、もう既に北部巡回裁判区の全ての刑務所に手紙を送り、仕事を申し出ていた。返事をくれたのはウェイクフィールド――住民は親しみを込めて「ヨークシャーの脇の下」と呼ぶ――だけ。私にぴったりのプロジェクトがあるという。無給だが、全然大丈夫。私は犯罪率を減らすために孤軍奮闘していて、ここなら履歴書に書くことのできる本物の体験ができる。それに週あたり三六ポンドの所得援助を受けていた。それにもしも彼らがジョブセンターで推進している雇用促進訓練を受けるなら、それに加えてさらに追加の一〇ポンドまで貰える。私はＣ＆Ａで新しいスーツを買い、中華のテイクアウト屋の上の汚い共同アパートを借りた――紳士淑女の皆様、私はやって参りました。

＊警察署で無力な容疑者の取り調べに立ち会う人

＊＊Her Majesty's Prison Manchester 直訳すれば「女王陛下のマンチェスター刑務所」

ＨＭＰウェイクフィールドの受刑者は平均してストレンジウェイズの騒がしい連中よりも年上で、刑期も長い。ここの受刑者はわざわざ人に奇声を浴びせようなんて気にはならないし、たぶんやった者はいないだろう――ここの管理基準はあまりにも深く浸透していた。ここにいるのはカテゴリＡおよびＢの受刑者で、本気で逃がしたくない連中だ（カテゴリＡの受刑者は最高度の隔離を要する。もしも脱獄されたりした日には、公共と国家の保安にとって極めて危険だからだ。Ｂの者の危険度はやや低いが、簡単に脱獄させたくないという点では同じこと）。性犯罪者は当時のＵＫの受刑者数全体の一〇％程度だったが、ウェイクフィールドの受刑者の圧倒的大部分がそれだった。その多くは世間の耳目を集め、民衆の憎悪の対象となっている犯罪者たちだ。だからジャーナリストはこの場所にご執心。今でもメディア界隈では、この施設は広くこう呼ばれている――「モンスター・マンション」。

子供の頃、モンスターたちは私を恐怖に陥れた。ある夜、パパは私がＴＶで『大アマゾンの半魚人』を見るために夜更かしを許してくれた（私は一九七〇年代の子供で、あらゆる文化は全部ＴＶから得ていた）。ママは精神病院の夜勤をしていたから、そんなの見せちゃ駄目でしょうと指摘する人は誰もいなかった。パパが何故、私がそれを見て喜ぶと思ったのかは解らない、『ＥＴ』ですら最初の一〇分でギヴアップしていたのだ、あの小さなよちよち歩きのエイリアンに慄え上がったから。案の定『半魚人』は三分も保たなかった。どんな身体から生えているのか知らないが、鱗と水掻きのある手だけが水の中から出て来て、砂に爪痕を残し、ゆっくり水中に戻る場面でもう駄目だった。ある意味、その手がどんな身体から生えているのか解らないということの方が、実際に怪物を見るよりも恐ろしいのだ。危険なものは常に見えているとは限らない、ということを私が学んだのは、たぶんこの一九五〇年代のホラー映画の冒頭数分だ。

＊

ウェイクフィールドには一六世紀から監獄があったが、現存する建物のほとんどはヴィクトリア時代のものだ。長い、複数階層の監房のギャラリーが、中央のハブからそれぞれ異なる方向に延びている。さながら壊れた時計の文字盤のようだ（まあそれでも時だけは刻んでいるわけだが）＊。このような放射状のデザインの刑務所は、一八世紀イングランドの哲学者ジェレミー・ベンサムの「円形監獄《パノプティコン》」理論にインスパイアされたものだ。彼の考えはつまり、こういうふうに扇のように配置するなら、中央の監視塔に監視員が一人いれば全ての監房が容易に見張れるというものだ。囚人は常に監視されているという圧迫感を感じるだろうし、行動も慎重になるだろう。だが実際には当然ながら、四六時中、全員を監視するなど不可能だなんて誰にでも解る。良からぬことを企んでいるなら、監房の中でただ機会を待てば良いのだ。私がそこで仕事をしていたときだって、時折A棟の外側の壁の窓から鳩の死体がくるくると舞い落ちていくのは珍しいことではなかった。長い年月を掛けて開けた穴から、受刑者が餌付けしていたのだ。それから――その気になれば――その哀れな鳥の首を折って下に落とす。ちょうどその下を職員が歩いている瞬間を狙って。

ウェイクフィールドの心理学チームが私にやらせたのは、とある研究プロジェクトの聞き込み調

＊「時を刻む」に「服役する do time」を掛けている

査だった。女性を性的に暴行し、かつ殺した全ての受刑者への面談。犯行はどのようにエスカレートしたのか、何が単なる強姦魔を殺人鬼に変えたのか。私の仕事は情報を集めること。それを後で分析に掛け、性犯罪者の数多くの動機型に分類する。彼らは性的欠陥を補おうとしていたのか、単なる怒りか、力と支配の感覚を求めていたのか、サディストなのか、機会に便乗しただけか？　私が集めた情報は、性的暴行を受けている最中の女性のためのガイドラインの開発に使われることになっていた。つまり、肉体的にも精神的にも強姦魔に圧倒されているという苦痛の最中にある時、女性が即座に相手の動機型をプロファイルし、殺されるのを避けるために適切な行動を取れるようにしようというものだ。

これが、訓練も経験も無い若い女性の院生に適したプロジェクトだと考えられていたなんて。だがそんなことを言い出せば、そもそもそれが適切な調査だと考えられていたこと自体がそうなのだ。何故ならその根底にある考え方そのものが、犯行の度合いの責任は被害者側にあるのであって、彼女を獰猛に襲撃している犯人側ではないのだ、と言っているも同然なのだから。出来上がったリーフレットがとうなるかは想像がつく。医者の診療所に置いてある類いのものだ。「女性の皆さん！これを知らないと、殺されてしまいます！　私たちは常に、レイプされるような事態を避けることをお奨めしますが、もしもされてしまった場合は、この記事の通りにして下さい。切り取って常に身に着けておきましょう」。

最初の週、プロジェクトが本格的に始まる前に、刑務所で働く新参の非制服職員全員が受ける標準的な指導を受けた。一週間、決まり切った見学と口頭指導で、ほとんどは日常的実務、例えばトイレの場所だとか、火災訓練の際にどうすべきとか、鍵の携帯方法とかである（ベルトに鎖でしっかり固定する、できればポーチに入れる、そして受刑者の前でそれを錠前に差し込む時には、掌で鍵の歯を隠す）。だがその週の間ずっと、誰と会おうが、何を見せられようが、常に必ず「ウェイクフィールド流」を叩き込まれた。まるで校訓みたいなもので、そこにいる誰もが誇りを持って守り抜いている。だがそれは逆境に直面した時の勇気だとか勇敢さとかではなくて、ただひとつのシンプルな前提への固執だった。私が繰り返し教え込まれたのは、「奴らとわれわれ」ということ。

全員が合意している、そして積極的に守っているらしいことは、倫理的な疑似戦争状態だった。一方の側には受刑者がいる――罵倒し服従させるべき悪の勢力だ。もう一方には刑務官――祝福され無謬の存在。おばあちゃんと見た映画に教わった善玉と悪玉のシンプルな観念をそのまま反映する心地よい設定だ。実際にはそれは平和的な布置なんかじゃ全然なくて、今で言う「ダイナミック・セキュリティ」とか「リレーショナル・セキュリティ」とか、要はみんなで仲良くやっていこうぜというやり方とは対極に位置するものだった。刑務官と受刑者の間には常に、手で触れられそうな緊張感が沸き立っている。その関係性は極めて不愉快なものだった。私が到着するちょうど一週間前、日課の朝の解錠に向かおうとしていた刑務官が、歯ブラシの先にセロテープで固定した剃刀で切りつけられたばかりだったのだ。

囚人のリハビリに対する情熱を示すこと、あるいは彼らだって別に箸にも棒にもかからない碌でなしなんかじゃないと仄めかすことは、どちらも完全に悪への加担だった――つまり裏切り者だ。とある刑務官は心から警告してくれた、心理学者なんてここじゃ皆、お花畑の善意の人さ。ああ、それにレズだし。

この仕事に就きたい一心で、私は与えられたプロジェクトに着手した。受刑者の苗字と囚人番号のリストを貰う。いずれも、単に女性を殺しただけでなく、その際に強姦や暴行に及んだとして有罪を宣告された者ばかりだ。それから質問票。およそ女性に対して行なうことのできるありとあらゆる性的かつ暴力的な行為がリストアップされている（中には、eviscerating のように――「人間の中身を外に出すこと」だと――性的行為と結びつけることはおろか、そもそもそれまで聞いたことすらないような単語もあった）。そして私は、このリストを端から端まで、これとかあれとかやったことがありますかと訊ねて回り、そしてあるという答えを得た場合には、次には犠牲者の反応はどうだったかを訊ね、またそれ以外にどんな反応が導出し得たかを調査しなければならないのである。

物凄く長い質問票で、面談一回に一時間半も掛る。ただの男ってだけでもアレなのに、こんな罪状持ちの男相手にこんなあからさまな質問をするというのは、控えめに言っても当惑ものだった。リストを読みながら自分が赤面しているのは判っていたが、誠心誠意、「心理学者ファースト、女性セカンド」（指導員から受けていた曖昧で訳の判らない助言）を全うしようとした。

中には如何ともし難い相手もいた。ある男は、強姦している最中に相手が全く抵抗しようとしなかったことに腹を立て、彼女の乳首を咬み千切ってやったと述べた。彼の頭の中では、抵抗しないのは襲われていることを楽しんでいる証拠であり、だから「売女」なのだと。調査の結果、少なくとも強姦被害者の七〇％はこのようにフリーズしてしまっていたことが判明している。(3) だからもしも当時の私が、現在のようなプロフェッショナルとしての能力を以て彼と面談していたならば、彼の推論について率直かつ十全な議論ができていただろう。だがこの時の私にはただただどう反応すれば良いのか解らなかった。本能的に手を持ち上げて自分の胸を守ろうとしたが、すんでのところでそれに気づき、そのまま降ろして回答を書き留め、次の質問に移った。その他にも、意図的に面談を困難なものにする者もいた。質問票の医学用語の意味をもっと詳しく説明するよう要求してくるのだ（「シュシソウニュウ《ディジタリ・ペネトレイト》ってのはどうゆう意味なんだよ、姉ちゃん？」）。退屈しきって性的にも困窮している受刑者にとっては、私のセッションは真面目な調査というよりも、アダルト・チャットラインへのフリーコールみたいなものだったのだろう。プールの深い方へイキナリ投げ込まれ、鮫のうようよいる中を泳いでこいといわれている気分だった。

だが少なくとも、受刑者たちとの間にはマニュアルがあった。むしろ、一部の同僚の方がさらに厄介な連中だったのだ。面談の二週目、本部に行ってデスクにふんぞり返っている刑務官――意地悪で不満たらたらの男――に、強姦対策用アラームをくださいと頼んだ（職員が支給されている普通の古臭い個人用アラームではなく）。彼は忙しない部屋の中の他の刑務官たちの方に顔を向けて言った、「あー、何なの今日強姦されるの？　おまえら聞いたかこの小娘、今日強姦されるってよ」。それから彼は、アラームが欲しければ靴を脱げと要求した。私の地味なミッドヒールはあからさまに受刑者たちの性的興奮を掻き立てるからだと。私は手ぶらで、だけど靴は履いたまま立ち去った。泣きそうだった。できるだけ早く、刑務官等の批判的な目の届かないところに行って、そして泣いた。

ウェイクフィールドにいた二一歳の私に言ってやりたいことはいろいろあるが、そのひとつは、賑やかな大通りの「ゴルフ・セール」の巨大なプラカードのごとく、如何にも見つけてくださいと言わんばかりの警告サインを見落とすなということだ。だけど良い仕事をしたいという気持ちばかりが先走って、忍び寄る疑念には盲目になっていた。ともかくこの道に入れたことにわくわくしていたのだ。自分の弱さ（本当はそうじゃないけど）を他人に見せてしまったこと、というかわざわざ訴えに行ったことは、その地位の喪失に繋がる恐れさえあった。

最初の数週を終えた頃、親切な看守が私を隅へ連れて行って囁いた、あなたが毎朝させられているセキュリティ・ルーティン――鉈を隠し持っていないか調べると称して男性刑務官が私の全身を上から下までべたべた触りまくること――は、実際には他の女性職員に対しては行なわれていないのですと。というか私以外の誰にも。

耳の中で小銭が崩れ落ちる音がした。今ならそんなこと、セクハラだけで済めば万歳だ。だが当時の私はミソジニーなんて観念にはまるで馴染がなかったし、それを糾弾できるほど積極的でもなかった。何と言ってもここは一九九〇年代のヨークシャー。日曜の午後にはまだパブにストリッパーがいた。ハッシュタグなんてまだ発明すらされていない。#metooなんて言わずもがな。次に誰かが朝のボディチェックをしようとした時、私は歯ぎしりしながら何とか笑って堪えた。ユーモアも解らん女だと思われるのは得策ではない、と本能が告げていた。

ウェイクフィールドの街には刑務所から別れた訓練施設であるプリズン・サーヴィス・カレッジがある。多くの者にとってその仕事は、内輪で権力や特権を恣にできる一種の天命のようなものだった。二〇〇四年、HM刑務所総括査定官の報告書が、HMPウェイクフィールドを「統制が強すぎ」、一部の刑務官が受刑者への敬意を欠いていると述べたが、私は驚きもしなかった。

特に若い刑務官の一部は、自らを王子様か何かと思い込んでいた——刑務所は彼らの城であり、彼らは全ての鍵を握っている。彼らの多くはまた、真っ黒に焼けている。ウェイクフィールドの茹だるような気候ではなく、地元の日サロで焼いたものだ。昼休みになると風のようにすっ飛んでいって、戻って来た時には出て行った時より二回りほど黒くなっている。それもこれも、夜のナンパで獲物を捕えるための身繕い儀礼のひとつ。噂では彼らのグループはゴールデン・マイル——ウェイクフィールドの誇るストリップ・パーティー——に繰り出して女を調達し、刑務所の駐車場に連れ込んでセックスしていたという。それも夜勤の同僚たちも楽しめるようにと、わざわざ監視カメラの下で。だから同じく、後に何かの記事でこれらの「お楽しみ」の話を目にしたときも、やはり驚きはなかった。実際、その時の私の反応は、何故あの時はこれを、面談していた受刑者たちと同じヤバい行動だという視点から見ることがなかったのだろうという疑問だった。

＊

刑務官の中に私をデートに誘う者が現れ始めた。後で知ったことだが、実は胴元がいて、誰が私をベッドに連れ込めるかを賭けていたのだ。この圧倒的に男ばかりの施設では、どんな女でも即座にノヴェルティとしての価値が付く。そこに私がやって来て、大騒ぎが起きたというわけだ。

三対一の本命で、最初にアプローチを掛けてきた男は、C棟の上級刑務官だった（新人をベッドに連れ込むことにすら序列があるのだ）——刑務官ジョン・ホール。記録室で書類を読んでいた私に近づいて来た。受刑者に関する情報が保管されている部屋だ。記事の切り抜き、懲戒と裁定、苦情や受刑者と家族の手紙、その他、関係すると思われるありとあらゆる書類がここに保管されている。中には、犯行現場の写真もある——受刑者の法的文書の中でも特に身の毛のよだつ類いのものだが、受刑者が自慰の素材として他人に与えたり、自慢の種として使っている現場を押えられたりした際に没収されたものだ。

　これらはデジタル化される以前の記録で、だから全部標準仕様のマニラフォルダに保管されている。この鰻の寝床のような長い部屋の遥か奥まで、それをぎっしり詰めた棚が延々と続いている。それぞれに囚人の姓と番号が手書きされている。ウェイクフィールドの悪名高い卒業生たちのお陰で（チャールズ・ブロンソン、IRA参謀長カハル・ゴールディング、ジェレミー・バンバー、マイケル・サムズ、コリン・アイルランドらが宿帳に名を記している）、それは名士録とチェンバー・オヴ・ホラーズを足して二で割ったみたいなものになっている。

　ジョン・ホールが入って来たのは、ちょうど私がアイルランドの書類を読んでその内容に軽く眩暈を覚えていた時だった。アイルランドは五人のゲイの男を殺し、その死体にさまざまな不気味でみっともないポーズを取らせて放置した——警察と事件を報じるメディアに対する侮蔑のメッセージを送ることを意図したモティーフである。ファイルにはアイルランドのファンからの手紙の束も入っていた。見たこともない類いのものだ。過激な極右のホモ恐怖症がアイルランドの仕事を讃えて認めたものだが、検閲されてこのファイルに入れられた。手書きのスワスティカ*も見える。この手紙を見ながら考えていた、これらの人は、いったいどこがおかしいのだろう？

　彼の誘い方には何も特別なものはなかった。彼は記録室を一旦は通り過ぎたが、そこに私が座っているのを見てUターンして来た。そして中に入って来て、隣に座った。ホールは――たぶん今もだけど――ともかく長身の巨漢で、だから気づかないふりをするのは不可能だった。ここはもう慣れたかねと声を掛けてきて、何か困ったことはないか、誰かにウェイクフィールドを案内させようかと訊ね、そして最期に、一緒にちょっと一杯どうかねと誘った。どうかねと言われてもイヤだし。でも礼儀正しく、ありがとうございます、でも今はちょっと、と答えた。それから、この男とデートに行きたくない理由を言い訳しなければと感じて、今は別の人に誘われてて、考え中なんですと言った。そんな奴いないし考え中でもない――今にして思えば、もっとはっきり言ってやればよかった。

次に口説きに来た刑務官はかなり年上で、関係を持つなんて想像もできない男だった。だけど私はウェイクフィールドで友人も家族もなく孤独だったし、彼はハンサムだった――そしてしつこかったのだ。

ウェイクフィールドでの仕事は終りに近づいていた。多くのプロジェクトがそうであるように、私が取り組んでいた調査はいつの間にか立ち消えとなっていた。私はもっと穏健な仕事に配置換えとなり、退屈なスタッフ・コミュニケーション調査の担当と、性犯罪者の治療プログラムの管理をしていた。だが依然としてウェイクフィールドでは給料を貰えなかったので、同時に有給織に申し込んでいた（最終的には見習い司法心理学者としてとある隔離病院に務めることとなった――初めてのまともな

＊カギ十字のこと

仕事だ。すぐに囚人ではなく患者を相手にすることになる)。

新しい恋人となった男が言った、彼と同僚たちは受刑者たちに対するメッセージを書いたのだと。「メリー・クリスマス。新年をお楽しみに」と、全部大文字で、階段の下の床面のボードに。私はぎくりとした。ボクシング・デイ勤務の後、私をウェイクフィールドに連れ戻すためにストックポートにある両親の家にやって来て、ママやパパと話している間、手をずっと私の膝に載せていた。それで私は彼が自分の本拠地に私を取り戻そうとしている熱心さと、この物理的な所有権の誇示を彼の好意として受け入れた。だけどすぐに、これは支配だと気づくことになる。私は彼の当初の振る舞いの多くをロマンティックだと勘違いしていた。これもまたたぶん、子供のころにおばあちゃんと見た映画のサブリミナルな帰結だ――『静かなる男』のジョン・ウェインがモーリン・オハラに強引かつ荒々しいキスを決めて、明らかに彼女は全力で拒絶しているのに、おばあちゃんはうっとりしていた。

＊

二〇〇六年、刑務官ジョン・ホールは逮捕され、有罪判決を受け、終身刑を宣告された。八年間にわたって、ウェイクフィールドで上級刑務官だった頃を含めて、つまり私がそこで働いていた間も、同僚を含む四人の女性をレイプしていたのだ。彼に襲われた内の一人は止めるよう泣いて頼んだが、顔面を痛打され、顎が外れてしまった。さらに三人の少女を誘拐し、性的暴行を加えた。その内、一番年下の娘はちょうど一二歳になったばかりだった。彼は彼女らを言いくるめてクルマに乗せ、人気のない場所に連れ出してドアをロックし、力尽くで服を脱がせ、身体を弄って目の前で自慰した。逮捕後、警察は彼のコンピュータから児童の虐待画像を発見した。これらの犯行の際には身分証を悪用し、通常は刑務官の制服を着て、警官を名乗っていた。聞いた話では、ホールの同僚たちは彼の逮捕に心底衝撃を受けていたという。「茹で蛙」という言葉が浮かんだ。思うに、あの頃のＨＭＰウェイクフィールドでは、私を含む全員が茹で蛙だったのだ。大きい蛙とそうでもないのがいただけで。

人間には常に警告サインが着いているとは限らない。実際には服装が違うだけで、塀の中にいる者もいればパトロールしている者もいる。家族もいればキャリアもある者、権威と信頼のある地位を持つ者もいる。時にはあなたの知っている者であったりもする。だが文明社会には、犯罪者とはこんな奴らだという固定観念がある――私たちは犯罪者というものの内在化されたプロファイルを持ち歩いている。善玉を反転させた存在だ。そしてそのようにして彼らから心理的に絶縁し、さらには彼らを非人間化し、彼らを怪物と見なすことの結果のひとつとして、私たちは自分たちの間で動いている者たちに対して盲目となる。

実際には、彼らとわれわれの間にそうそう都合良く上品さのカーテンなど引けるものではない。「奴らとわれわれ」などというものはないのだ。ただわれわれ《ジャスタス》がいるだけだ。

第2章

ビッグボーイズ・ドント・クライ

われわれが自らの物語を語る術を見出せぬ時、われわれの物語がわれわれに語る
――ステファン・グロシュ『人生の診察』

刑務所にやって来る前、パトリック・トンプソンはショットガン自殺を企てたが、脳に付けた狙いを外して、代わりに顔面の左側のかなりの部分を吹っ飛ばした。その朝、狭い面談室に入ってきた彼はすっかり回復していたが、私はその顔を見て受けたショックを誤魔化すことができなかった。耳朶、顎の一部、頬のほとんどは無くなっており、残っているのは単なる傷痕と骨の突起と虚ろな穴の寄せ集めに過ぎない。顔の反対側もまた変形してほとんど溶けたようになっており、右眼は混濁していた。ありがたいことに、彼は自分で描いた絵を持参しており、双方にとって格好の話の掴みとなった。私たちは暫くそれを見て過し、彼の作品について上品な会話を交し、その間に心を落ち着けて、自分たちが直面している不自然な状況を受け入れようとした。私がここに来たのは、トンプソンがもう一度自殺する計画があるかどうかを見極めるためだ。

ウェイクフィールドで初めて調査の仕事をしてから数年後、気がつけばまたしても監獄にいた。今回はカテゴリBの地方刑務所のヘルスケア棟での短期間の代診。ほとんどの刑務所にはヘルスケア棟かユニットがある。収容されているのは病気や怪我の受刑者で、所内看護師と（運良くそんな者がいれば）訪問医師の治療を受ける。ユニットというのはおしなべてありとあらゆる人間の苦悩を押し込んだ倉庫と言ってもあながち誇張ではない。いつ何どきでも病気の受刑者がおり、中には末

期の死にかけもいる。暴力や自傷で負傷した者、危険なほど泥酔したりハイになっている者、酷い禁断症状に陥っている者。ヘルスケア・ユニットの人々は精神的にも肉体的にも最低の状況だ。臭いからして凄まじい――消毒剤、汗、吐瀉物、その他およそ人間から排出される想像しうる限りのありとあらゆるものの臭いが入り混じっている。音もまた耳にこびり付く。どの刑務所でも絶え間ないおしゃべりや活動音、ラジオの背景音でざわついているものだが、ヘルスケア・ユニットはむしろ不吉な沈黙の場所だ。だがそこに定期的に、突然、絶対的な騒音が轟き渡る――叫び声、殴打、警報、ドアを叩きつける音、喚き声。刑務所のヘルスケア・ユニットで見聞きするものは、慣れていない人なら誰でも動転してしまう。その頃の私はもう慣れていたけれど。

二日目、オペレーショナル・サポート・グレード（OSG）に伴われて面談室に向かう。これは補助職員の一種で、ゲートの手続きと訪問者の動きを担当する係。髭に太鼓腹の肥満体の男で、違う人生を辿っていればサンタクロース役に引っ張りだこだっただろう。部外者を見てあからさまにリラックスしていて、廊下でも階段でもずっと私に話しかけていた。同僚のほとんどはストレスで病欠しとるんだとか、受刑者に殴られて仕事ができなくなったんだ、などと嬉しそうに説明してくれる。

安全室《セイフ・セル》を通り過ぎる。これはほとんどのヘルスケア棟にある空間で、頑丈なドアと言うよりもゲートがあり、そこにいる者を常に見張ることができる。安全室には鋭いものや、首を吊れるようなものは何もない。中にいる受刑者が気軽に手を振っているのが周縁視野に見えたので、頷き返す。この男は二日前の夜に救急救命科に担ぎ込まれたのですよ、とOSG。自傷した股間の古傷を自分でまた開いて、そこに不潔なトイレットペーパーを詰め込んだので、炎症を起したのです。付き添いの刑務官らしき人は、救急救命科への途上、ずっとこの受刑者と手錠で繋がれていたんですが、こいつは単にクスリでラリりたいんだと、つまりはタダで貰える阿片剤が欲しいんだと考えて、当直の看護師に、傷口の洗浄と縫合の間も鎮痛剤を与えないようにと命じていました。囚人は縫合の痛みに耐えかねて酷く暴れたんですよ。それで刑務官の肩関節が外れてしまいました。すごい音がしてね。ゴシップ好きの付添人は、まるで愉快な逸話みたいな調子でそんなことを話した。だが彼の熱意は、ヴィクトリア女王のような顰め面の私を見て立ち消えになった。

情け容赦のない英国の冬は、骨まで凍てつく寒さだ。あの頃はほぼ毎日、標準的な刑務所の「制服」である黒いウールのポロネックとズボンという出立だった。ヘルスケア棟は本館の増築部分で、一九八〇年代のブロック造り、天井は低く、どぎつい蛍光灯、成型プラスティックの家具に、リノリウムっぽいフロアリングが壁の半分くらいのところまで上っている。部屋はどれも鎮静効果があるとの触込みの、冴えないNHSグリーンに塗られていたが、鎮静と言うより意気消沈させる色だった。私に割り当てられた小部屋はテーブルが壁に固定され（だから何びとと言えどもそれを投げつけてくることはない）、大型の蓄熱ヒーターが熱いレゴのピースみたいに壁にくっついていて、フル稼働中だった。たとえトンプソンに自殺する気は無くとも、ここにいれば諸共に焼け死にそうだ。

職員の数が少ないのは驚きではない。新たに刑法が厳格化されたということは、つまり囚人の数がじわじわ増大しつつあるということで、だが同時に人件費は残酷なまでに削減されている。新たな刑務所の建設は全く需要に追いついていない。その結果の慢性的な過密状態とそれに伴うむさ苦しさは、今ではもはや刑務所の常態になってしまったが、それは当時のこの場所でまさに確立されつつあったのだ。いつも言っていることだが、法外なまでの自制心と高い意識がなければ、職員は自分が担当している相手と同じ人格に落ちぶれざるを得ない。職員は明らかに疲労困憊しており、孤立無援で、前向きな意志を失いつつある。

過密と人手不足のゆえに、犯罪者のリハビリ作業のほぼ全ては既に停止している。リハビリが停止すれば、作業もなければ教育もなく、セラピー・グループやカウンセリングもない。囚人たちは職員や受刑者同士の意味ある接触がなくなり、より長い時間を独房に監禁されて過すことになる（あくまで理論上は。だがここでは、独房にいる受刑者は極めて少ない――多くは三人がひとつの監房に詰め込まれ、世界最悪のサーディンズをしている）＊。監禁は人間の身体を閉込めるものだが、同時にまた当人の精神もシャットダウンしてしまう。ノーベル賞詩人ヨシフ・ブロツキー曰く、「監獄は基本的に、時間の余剰を埋め合わせるための空間の不足である。囚人にとって、その両者は明白なものだ」。一日に二三時間を監禁されて過す囚人には、何の目的も、刺激も、そして最も残酷なことに、希望もない。この刑務所では、極めてリアルな絶望の感覚が――心理学的には自殺の前段階――空気中に充満している。

自殺は刑務所での大きな問題だ。人間を生かした状態に保つというケアの基本的な責務は、ここ

＊一人が隠れて残りの者が捜し、隠れ場所を見つけた者は次々とそこに集まり、最後は「押しくらまんじゅう」のようになるゲーム

では簡単なことではない。ここはヨーロッパでも収容人数は最大、そして自殺率は最高なのだ(1)（自殺は一九六一年までUKでは違法だった。だから今でも自殺を「犯す《コミット》」という言い方をする。奇妙なことに、私はこれまで、自分を殺した罪で有罪となった人を相手に仕事をしたことがないのだが）。イングランドとウェールズでは、男の囚人は投獄されていない人に比べて自殺による死亡率が六倍も高い。そして女性受刑者の自殺率は、塀の外の女性よりも二〇倍。人生を終らせるというのは安易にできる決断ではない。囚人の半数以上は重篤な精神障害の徴候を示す。プリズン・リフォーム・トラストは七〇％と見積もっている(2)。どのくらいの者が入所時点で既にそうなのか、あるいは入所以後にそうなるのかは判明していない。だが短期刑ですら――UKの囚人の半数近くが、六ヶ月以下――将来における精神病発症の確率を著しく高める。刑務所というのはイケアと同じで、入ったが最後、何も持ち帰らずに立ち去るなんてほぼ不可能なのだ。

つまりこの刑務所では、全く文字通りの意味で舟は沈みつつある。辛うじて残された職員の仕事は、ひたすら水を掻き出し、浮いている状態を維持することだ。刑務所は自傷・自殺の恐れありと見なされる受刑者を監視する手続きを遵守している。看護師や刑務官、すなわち毎日受刑者を見守り、よく知る者は特定の書類を常に更新しつづける義務がある。だが職員は人手不足で悲鳴を上げていて、注意を要する受刑者の数は膨大、未決の件が山積みになっている。そこで私もささやかながらその手伝いをすることとなった。犯罪者のリハビリに関する崇高な理念とやらを私がまだ持ってるか否か、それを確認する必要がある。

私は受刑者にとってはワンウーマンのポップアップ式クリニック。営業所はヘルスケア棟の胡散臭くてやたらに暑い納戸だ。ここで私は質問し、注視し、自殺の徴候となるレッドフラグを探す――塀の外の人間関係が行き詰まっているか、虐められているか、感情の状態は、自殺の計画を立てているか？　これらの質問は標準的で、重要なものだが、おざなりにも感じられる。人生を終らせようと計画している人は、このような詳細を暑すぎる納戸で会ったばかりの得体の知れない女なんぞに話したがらないもの。さらに、刑務所にいるだけでは足りないとばかりに、一線を越えさせようとするトリガーはしばしばあまりにも多く、多種多様だから、これだと指摘するのは容易ではない。確信を持てることなんてほとんど無いのだ。

＊

パトリックはB棟のいつもの場所から私に会うために連れ出されてきた。それ以前に彼の姿を見たことはほんの一瞬しかなかった。三週間前、彼がベッドシーツで作ったあり合わせの輪縄で首を吊ろうとした直後のことである――首吊りは、刑務所内の自殺では最も好まれている方法だ。

彼が自作の絵を持って来たのは、顔から注意を逸らすためだと感じた。彼は人が本能的に示す反応を知っている。持って来てくれて助かった。芸術は塀の中では驚くほど一般的な活動である――だれもが監房内で平穏に取り組めて夢中になれるもの、そしてポルノや非合法ではない。その絵は嫌なことがあった日のファン・ゴッホみたいだった――厚く塗りたくった筆のストローク、知らない男女の肖像、必須の果物鉢、森のある田舎や見覚えのある海岸の風景。素朴で伝統的な主題が、斑点のある半抽象的な様式で描かれていて、離れて見た方が焦点が合う。元来は右利きだが、絵は左手で描いたのだという――右手は人差し指、中指、薬指がないからだ。何故そんなことにと思ったが、訊ねはしなかった。絵を背後の壁に立て掛けてひとしきり眺めてから、面談を開始。

彼の反応は淡々として素っ気なく、発言内容もおおよそ予想通り。ただ答えを口に出すことのみに全エネルギーを注ぎ込んでいるようで、私とアイコンタクトすることもなければ、何かを詳しく語ることもない。個人的なことを明らかにするような質問をあからさまに嫌がっており、その答えの短さで私を閉口させた。まだ自殺する気があるかという問いには、ほとんど判らないくらい素速く頷き、鼻孔を膨らませただけ。結局のところ、私は彼にとっては全くの赤の他人なのに、死にたいかどうかなんてことをこの場で訊ねているのだ。

全ての質問を終えた時点での結論としては、パトリックの気分は依然として落ち込んでおり、その「危険性」の欄は依然として未解決であり、通常棟の現在の共同監房にいるべきである。現在の管理に変更を加えること――観察強化（ハロー・セーフ・セル）やその他の安全策――は屈辱的であり、逆効果である。それに実際問題として、刑務所がこんな危機的な状況がある現在ではそもそも不可能でもある。

彼はこれ以上話しそうもないし、その片眼はずっと時計に固定されているのを感じて――評価項目は全部で二〇――私は立ち上がり、背後の絵を片付けようとした。

この時初めて、絵具が溶けていたのに気づいた。私はパトリックの絵を、思いっきり熱い壁のヒーターに立て掛けていたのだ。既に絵具がカンヴァスからリノリウムの床にねばねばと垂れ落ちている。それを収納していたプラスティックのポーチもまた溶けていて、失敗した収縮包装の一部のように壁のヒーターにべっとり貼り付いている。

最初に浮かんだのは単純なことだった、ファック！　この男のプライドと喜びはとろとろ煮えたカスタードと化してしまった、それも私の所為で。私は今朝、命を守るという使命のためにここに来た。なのに今や、さらなる絶望のトリガーを引いた責任を背負い込もうとしている。言葉が出ない。そろそろと絵を引き剥がそうとした、この残骸から何でもいいからサルヴェージできることを祈りながら。だが同時に、何故だかこの場で笑い出そうとする恐ろしい神経インパルスを自覚していた。彼は私を見ている。そちらを振り返ると、彼は私の顔の屈辱の表情の中に何か素晴らしいことを見て取って——ぷっと吹き出した。一瞬、それが本当に笑いなのかどうかも判らない。それは聞き慣れぬ、掻き毟るような音に過ぎなかった——顔面の傷の所為だ。だがその時、彼は溶けた肖像のひとつを取り上げ、自分の顔の横に持ってきた。自分にそっくりだという自己卑下の含意だ。私の機嫌を良くしようとしているのだ。

もう駄目だ。私も吹き出した。今や二人してげたげた笑っている。腹が捩れてもう止らない。笑いが収まりそうになると、互いに顔を見合わせて、また爆笑——純然たるヒステリー。いや、ご免ねご免ね。

看護師がドアの観察窓から中を覗き込み、それから頭を突っ込んで、二人ともまともかどうか確かめた。ドアの背後に見える衝撃／非難の表情の所為で、一瞬『キャリー・オン・マトロン』のケネス・ウィリアムズみたいに見えた。異常な音声だったのだろう、私と彼が大爆笑しているのは——刑務所で本物の大笑いが出ることは滅多にない。何が起っても不思議のないヘルスケア棟でもだ。しかもこれは、自殺の危険性の査定なのだ。

この瞬間、私は自分の仕事におけるユーモアの重要さを学んだ。時にはこの上なく不適切な状況でも、それが唯一の適切な反応となることもあるのだ。救急チームと時間を過せば、悲惨な状況を何とかするためのブラックユーモアを聞くことになるだろう。だが心理学とメンタルヘルスでは、患者やクライアントと笑うことは依然として、何か間違った、慎みのない、不作法なことに感じられる。心理学者の一般的イメージは鹿爪らしく冷静で分析的な人物、というものだ。司法学生は、プロとしての慎みを保つよう教育される。だがその所為でロボットみたいに見えることもある。無論、一線は守らねばならないが、権威をダシにしてはならない。

この男の溶けた絵を為す術もなく笑うことで、私はこの種の遣り取りにおける暗黙のルールを破った。とはいえ、この本を読んでいるあなたと私の間では、私は常に不適切な時に気の利いたジョークを言うのを好んできたよね。それが心地よいもので、誰も傷付けないなら――よく言われるように、人を笑うのではなく人と笑うのなら、それは極めて効果的なツールとなり得る。笑いは私の知る中でも最高の緊張緩和装置だ。自殺の査定においてすら、それは有効だった。パトリックとのこの一時は、この状況に置ける真実で無害な反応の仕方であり、その効果は驚くべきものであることが判った。

パトリックは泣き出した。私は直ぐさまティッシュ箱に手を伸した。こんなこともあろうかと、常に机上に用意しているのだ（受刑者は通常、私の前でそれを使うなど夢にも思っていないだろうが）。彼は言った、泣いてるのは絵の所為じゃない、「それ以外の全て」の所為だと。時計を見て、予定時間を超過していることが判ったが、彼を止める気はなかった。だから話して、と言った。このあまりにも控えめな男は、ほんの数分前には表情を読みとることすら困難だったが、今や心を開いている。ほんのちょっとした人間同士の繋がりと、気まずい瞬間の共有がそれを促したのだ。今では彼を止める気は無い。

パトリック――五〇代後半、取り立てて長身ではないが幅が広く、ほとんど真四角、がっしりした四肢に丸ぽちゃの首――は、自分は地元の田舎の作物倉庫の夜間警備員として働いてきました、と話し始めた。生まれ育ったこの田舎は景色は茫洋として、村の生活は静かで、人々は小径と畑で繋がっていた。パトリックの仕事は、倉庫の横に設えられた小さな事務所で夜を過し、村を動かしている巨大な農業機械を守ることだった。みんなの憧れの職業というわけではないが、真っ当で大切な仕事だった。

ある夜、倉庫のオーナーでパトリックの雇い主が、保険金をせしめようとして建物に放火した。予め火災警報器を切っていたため、煙の臭いが事務所のドアの下まで広がって来るまで、パトリックは火災に気づかなかった。彼は飛び上がり、急いでデスクから離れて倉庫への扉を開けようとしたが、熱い灰と炎の凄まじいバックドラフトを受けて部屋の反対側まで吹き飛ばされた。パトリックは重傷を負った。顔面と右腕の火傷に、右手の三本の指を失ったのだ。だが誰もが同意するように、生き延びられたのは幸運だった。

倉庫のオーナーはこの罪によって短期間服役し、パトリックは長い間、病院に出たり入ったりしていた。甚だしい苦痛を伴う形成外科手術と皮膚移植が延々と続いた。顔面の手術のために満足に話すことさえできず、文字通り唖者となった。この退屈で困難な時期の間に、妻に逃げられた。入院中に出て行ったのだ。

退院し、新たな現実を突きつけられた数ヶ月後に、自らのショットガンで自殺を図った（合法的な所持であり、農村ではごく一般的なものだ）。人生をきっちり終らせるつもりで、銃を口に咥えたが、引鉄を引くための人差し指がなかったので、奇蹟的に生き延びることとなった。顔面の一部を吹き飛ばしただけで済んだのだ――ほとんどは、火傷を受けていなかった部分だが。さらに苦痛な手術、そして何週間にも及ぶ沈黙の入院生活が続いた――その間ずっと、もはや帰る場所はないと解っていた。

酷い相貌と成り果て、職もなく孤独なパトリックは、昔の雇い主と決着を付けようと決めた。ある夜、大酒を呑んでその男の家に行った。ちょっと仕返しするつもりだった。だがちょっとでは済まなかった。玄関の薪の山から丸太を取ると、それで何度も殴りつけた。それから倒れたところを蹴りつけた。ある時点で、自分の殴っているのはもう人じゃなくなってた、と彼は認めた。自分の苦痛を殴ってたんだ。ほんの一瞬、気分が良くなった、とパトリックは言った。だが次の瞬間、目に入ったのは床に転がる瀕死の男だった。自分のやったことを理解した。彼はその男の電話で救急車を呼んだ。

これは衝動的な、無闇に怒り狂っている男、相手構わず見境無しに殴って回るタイプではない。パトリックはその反対だ。彼は控えめ過ぎて、感情を抑え過ぎるタイプだ。怒りは、上手く扱えば適応的で健康的なものになり得る。だが、彼は自らの怒りを密封して溜め込み、「毒の木」に育て上げたのだ。* そして遂にはカタルシス的な怒りを爆発させることとなった――ほんの束の間のカタルシスではあったが。このタイプの人間がごく稀に――生涯に一度くらい――暴力に訴えることは珍しくはないが、そうなった場合、相手を重傷や死に追いやるのが普通だ。

今やパトリックは再勾留され、重篤な傷害罪による長期刑を受けることになるのは間違いない。絶望は彼の中に健在だ。

＊

個人的な物語を語り、自分の体験に名前を付けて認めることは基本的に、人間がこの世界を理解する方法だ。私たちのほとんどにとって、それは友人や家族と語らうことを意味する。また別の人にとっては、それはセラピーやカウンセリングだったりする――その前提は同じだ。話すという単純な行為によって、私たちは自分自身と他者を処理し、理解する。自分の物語を語らない、語れない時、それは別の形で出現する。感情には声が必要だ。それがなければ、いずれ滲出することになる。

だが、話すことが得意な人もいればそうでない人もいる。あまりにも多くの男性は依然として、自らの弱みを隠し、困難を耐え抜くために、さまざまな破壊的な形で社会化されている。だから深い感情的な苦痛を他者に話すというのは、今のこの二一世紀においても全く考えがたいことなのだ。

*元ネタはウィリアム・ブレイクの詩

もしも敢えて感情を表現したり、あるいはそれを抱いたというだけでも、罰せられたり嘲られたりするなら、たいていは自分を強く、ストイックに見せるために大変な努力を払うようになる。だが怒りだけは別だ。男の条件付けは怒りについては受容性が高い。それは「感じること」よりも「すること」に関係する感情だ。男は一般的に言って、何かをすることによって苦悩に対処しようとする。過度な労働、セックス、飲酒、ドラッグ、攻撃、暴力、自殺。結局のところ、あらゆる行動の中で最も決断力を必要とするものが自殺ではないだろうか。ならば、感情を持つということが弱さの記しと見做されるウルトラマッチョな刑務所という環境が、その苦悩を有害な形で実演する男たちで満ち満ちているのも理の当然だ。

＊

パトリック・トンプソンは、そのトラウマと悲劇にもかかわらず、自らの物語を語る術を持たなかった。たとえその機会が与えられたとしても（与えられなかったのだが）、その瞬間を見つけることができなかったのだ、重大犯罪を犯す前にも、そしてその後も。耳を澄ますなら、どれほど静かな刑務所であれ、物言わぬ男たちの、耳を聾するような慟哭が轟いているのだ。

この時点では、私自身にもまだ語っていないことがあった。深く隠匿し、そして自分自身ですら無視していることが。だが私の語られざる物語は、肉体的な影響として現れるようとしていた――眩暈に襲われるようになっていたのだ。ある夜、シェフィールド駅で私は出し抜けに倒れてしまった。人々は私が酔っ払っていると決めつけた。阿片もカクテルもやっていないのに、その時の私はまるで酔っ払っているか、酷い二日酔いに陥っているかのようだった。プラットフォームにいて、家に帰るためにマンチェスター行きの電車を待っていた。突然、目の前の電車が後退しているように感じられ、何故そんなことになっているのか考える時間もないまま、プラットフォーム全体が回転し始めたかと思うと、いつの間にか倒れていたのだ。私は必死に床にしがみつこうとした、というのも、一四番線プラットフォームにサイクロンが来襲したかのように感じられたからだ。私は一瞬の内にストックポートのレッド・レックのワルツァー*に連れ戻された。一〇代の頃、街にフェアが来る度に乗りに行っていたのだ。周囲の声は聞えるのだが、声も出せない。パニックと吐き気の中で息を吸い、バランスを保とうとするだけで一杯一杯だった。そしてこのような発作が頻繁に起りつつあった。

あの日、笑いをくれたパトリックに感謝した。彼と同様、私もまた緊張を解放することが必要だったことに気づかされたのだ。一瞬、私は倒れている男をさらに足蹴にしたのではないか、死にたいという気持ちを募らせてしまったのではないかと心配した。だが、溶けたプラスティックのポーチと絵の残骸を掻き集めながら、彼は私に感謝した。もう少し何かしてあげられることはある？　と訊ねると、彼は片側だけの微笑みを浮かべて言った、「いや、今日はいい。今日はもう大丈夫」。

彼はその日は生きていたいと願ったのだ。そしてこの仕事では時に、人がほんの一瞬でも頑張れ

*回転木馬の馬を車にした、あたかも起伏のある地面を自動車が進んでいるかのように感じられる乗り物

るよう手助けできればそれで十分だったりする。その後、パトリックを見ることはなかった。彼が語り続ける術を見出すことを望む。刑が明けるまで。

第３章

ブレイム・ゲーム

公正世界仮説：この世界は基本的に公正であり、ゆえに善は報いられ悪は罰せられるという、広く信じられているが誤った信念。この信念の一つの帰結は、不幸に苦しんでいる人はその運命に値すると決めつけることである……被害者ですら、しばしば自らを責める。

――オックスフォード心理学事典

私はアリソンを忘れることはないだろう。私の知る中で、夫を殺したとして有罪判決を受けた後に、自由民として刑事法院（CPS）を立ち去ったのは彼女だけだ。

二〇〇三年のこと。私が殺人事件《ホミサイド》（アメリカ語のように聞えるが、homicideは総称で、UKで用いられた場合には謀殺、故殺、幼児殺しの全てを含む）の鑑定証人として呼ばれた初の件だった。心理学者が鑑定するのはあくまでも人であり、事件に関連する物品ではないので、われわれは単に事実を報告するだけではなく、自分の某かの見解を述べることのできる数少ないプロフェッショナルに属する。私は二九歳で、それだけの経験とプロフェッショナルとしての地位に到達していた。つまり私はこの時点で、単に被告のみならず、被害者の家族や社会に対して重大な影響を及ぼす結果となる見解を述べることができるという信頼を勝ち得ていたのだ。

私はそれまでずっと、この自分にとっての里程標となる件の被告人は男性だろうと考えていた。ジェンダー的ステレオタイプ云々の話ではない。何しろこの国の殺人犯の九五％は男性[1]だというのは紛れもない事実なのだから。被害者と犯人が如何なる関係にあったかもこの際、無関係。男性を殺した相手は圧倒的に男性だし、女性を殺した相手もまた圧倒的に男性である。だから公訴局から依頼書と共に資料が届いた時、私が鑑定を依頼された被告人が女性だと知って驚いた。

アリソンは殺人罪に問われていて、自宅で夫のポールを殺したことを認めている。ＣＰＳの望みは、その時のアリソンの精神状態と、特に彼女が彼を殺した日に「彼女の行為を惹き起こした、あるいは深甚な影響を与えた」「精神機能の異常」があったか否かを知ることにある。法律用語で為されたこの質問によって、アリソンの弁護団の目論見は責任軽減の弁護であり、彼女の罪を謀殺から故殺に減刑しようとする意図があることが明らかになった。

ここは一応文明社会だから、刑法の基本として人が有罪になるのは、その行為（違法行為《アクトゥス・レウス》）およびその意図、すなわちその行為が違法であるとの認識（必要な犯意《メンス・レア》を形成する能力）の両方において責任があることが証明された場合のみだ。謀殺と故殺の一般的な違いは、十分な犯意の有無にある。とはいえ、アリソンがポールを殺したまさにその瞬間の彼女の精神状態を確定するためには遡及的鑑定が必要で、法律で要求される確実さの度合いを以て行なうのは至難の技。だが時の遡行は司法心理学者の履歴書に必要な多くの付加的スキルのひとつなのだ。

直ちに彼女の医療記録を請求し、彼女が再勾留中の女子刑務所への数時間に及ぶ訪問診療を予約した。起訴証拠に初めて眼を通し、アリソンの鑑定の計画立案の準備をしている間に、自分が「親しい伴侶殺し」について知っていることに思いを巡らせる。

ポールは、女性に殺された男性という、殺人事件の全犠牲者のおよそ一〇％に属している。[2] 女性に殺された女性は全体の僅か一％。研究によれば、男が女性のパートナーや元パートナーを殺す場合、通常はその前に数ヶ月から数年に亘って彼女を虐待している。一方、女が夫や元夫を殺す場合、通常は数ヶ月から数年に亘って、彼女が殺した男による虐待を受けている。

こういうことを言うと、ちょうど『ピンク・パンサー』で納戸から飛び出すケイトー・フォンみたいにだしぬけに出て来て、男だって家庭内虐待の被害者になるだろと主張する奴がいる。もちろん、男性の被害者だって存在しているし、その全ての事例は真剣な考慮に値する。とは言うものの、家庭内虐待は専ら女性に対して行なわれることが圧倒的に多く、またほとんどの場合男性によって行なわれるという点で、ジェンダー的犯罪なのだ(3)。より重度の感情的虐待と支配を経験し、また反復的かつ長期に亘って犠牲となるのは女性の方。そして女性は、かつて愛を告白された相手によって傷付けられ、あるいはもっと酷い目に遭わされることが遙かに多いのだ。英国では暴力的な男が三時間に一人の割合で女性を病院送りにしている。これは確かに目を背けたくなるが、議論の余地のない事実である。

アリソンがポールから虐待を受けていた可能性は極めて高い、それも長期に亘ってだ。とは言うものの、可能性だけで鑑定したり見解を組み立てたりすることはできない。そこでともかく統計は脇へ措いて、犯罪の現場証拠を纏めた三冊の青いフォルダの最初のひとつを開き、アリソンとポールの事例に入り込んだ。

＊

犯罪現場の写真を見るのはいつだって奇妙だ。誰かの死という極めて個人的な事柄に遠慮会釈なく侵入するのだから。まあプロフェッショナルとしての好奇心というレンズを通じて、ではあるが。

それは通常、強烈な不協和に彩られた画像だ。ごく当たり前の、陳腐な日常の舞台――この場合はポールとアリソンの赤煉瓦のセミ、*ドライヴウェイの灌木、硬質塩化ビニール樹脂のステンドグラスのある玄関――と、そこで起った犯罪の恐怖とが鋭い対照を為している。その日常の中でソファに横になっていたポールは、鈍器による頭部損傷と胸部への刺し傷で殺害された。

これらの写真を見ながら最初に考えたのは、これは計画的・組織的な犯罪現場ではないということだ。まさしくカオスそのもの。殺害現場である居間の床に、ポールの屍体が転がっている。裸の下肢と足が、乱雑に突っ込まれた羽毛布団――二枚?――から突き出している。背景にはクリスマスツリー。不滅の生命と家庭の幸福の祝祭的なシンボルが、銀の糸で覆われている。その背後の棚には写真立てと妙な小像。

写真は、そこで起きた出来事を私の目の前で再現して見せた。彼の顔と頭部の大部分には血がこびり付き、左眼は酷く腫れ、その暗紫色は皮膚と鋭い対照を為している。その顔にはあからさまなショックの表情。明らかに一瞬、自分に起りつつあることを理解する機会があったのだ。鉤爪の形で固定された手が顔のすぐ横にある。その瞬間に身を守ろうとしたかのように。胸部に幾つかの刺し傷があるが、いずれも小さな無色の裂け目で、林檎の皮に刻んだ爪痕を思わせる。出血の無いただの刺入創で、つまりは死後に付けられたものだ。胴体の写真を見ると、彼女が腰の部分で二つに切断しようとしたが、果たせなかったことが解る――これまた出血はなく、ただ肉の切り口が盛り

*片側だけ隣家と壁を共有した家

上がっているのみ。幾つかの写真にはゴミ袋とスポンジ、カーペットの上にトイレットペーパーがある。キッチンには人間の排泄物のようなもの。シンクには洗い桶があり、中にはレンチが入っている。水は赤茶色だ。

これは隠蔽工作というよりも、むしろ洗浄作業だ——無駄に終っているが。長年の間に多くの殺人現場を見てきた私は、本来の寿命よりも早く死んだ人間の死体を綺麗に片付けるのが至難の業だということを知っている。どれほど几帳面で科学的な殺人鬼にとってもそうなのだ。スポンジでソファを拭き取り、カーペットからトイレットペーパーで血痕を拭い取ろうとした人物は、明らかにこの現場を偽装するのに必要な精神力や計算された思考力を持っていなかった。ポールの死体を動かして切断しようと無駄な努力をした挙げ句、アリソンはそれを羽毛布団に包んだ。もはや自分のしでかしたことを見るのも嫌だったのだ。そして彼はそのまま、明るい花柄のカーペットの上に放置された。

その他の写真は、異常なほどきちんとして清潔だということを除けば、全くごく普通の家だ。子供の寝室にも、ほとんどの子供部屋のような乱雑さは全く無い。人形は棚にきちんと並べられている。それで遊ぶというより陳列用のようだ。主寝室にはアイロン台があり、シャツがワードローブのドアに掛っている。ペルメットと人形で飾られたベッドもきちんと整えられている。フロント・ドライヴの完璧さには舌を巻いた——落ち葉だとか植木鉢だとか、普通の家庭生活のごちゃごちゃしたものが何一つない。まるで誰かがアスファルトに掃除機でも掛けたかのように。家の隣にはガレージがあり、ごく普通のガレージ用品で溢れ返っている。道具とペンキ、工作台。家庭用品と漂白剤、それに消毒剤の棚の下には、アルコールで一杯の棚——ウォッカを初めとするスピリッツの大瓶が五本か六本。

それから手記。彼女は子供の花柄のノートのページを千切り、その裏表に書き付けていた。きちんと行にはなっていない。乱雑な書きっぷりで、細い蜘蛛の巣のような文字で、明らかに慄える手で書いている。曰く、「もう続けられない。もうこれ以上は。ごめんなさい。どうか子供たちを頼みます、愛していると伝えてください。子供たちは私のママの所に居ます。ずっとママの所に居させてください」。同じことが四ページに亘って書かれている。ごめんなさい、もうこれ以上は無理です。ここには直線的な思考プロセスや、考えられた構成はない。その時にそこで彼女の中から溢れ出した意識の流れだ。彼女は床の上のポールの遺体の隣に横たわり、翌朝、ママが子供たちを連れてやって来るまでそうしていた。

彼女が収容されている拘置所は、基本的には私が訪ねたことのある他の女たちと同様だった。イングランドには女子刑務所は一二箇所しかない（女性はUKの全受刑者の一〇%に過ぎない）。それは『オレンジ・イズ・ニュー・ブラック』のようなアメリカのTV番組で描かれる活き活きした世界とは似ても似つかない。一つには、英国の刑務所では作業服のようなものはなく、女たちは各自の服を着ている——制服がある場合はデニムとTシャツで、見た目よりも着心地優先。女囚たちと過した部屋は男子刑務所のそれとだいたい似たようなものだが、時には女子刑務所の方が快適な部屋がある場合もある。壁には明るい絵が掛けてあり、おもちゃ箱などもあって、歯医者の待合室のようだ。母親が子供と面会するのはこの種の部屋である。

私がアリソンと会ったのもこの種の家族部屋だった。シンク付きの小さな簡易キッチンと、詰め物をした低い椅子がある。照明は動作感知器に直結しているのだが、座っている椅子が物凄く低いために、一五分毎にそれが消えないように両腕を振り回す必要があった。ウザいことこの上なく、ここに彼女と話し合いに来た内容の重さにはまことに似つかわしくないどたばた喜劇のようだった。彼女は細く、身長は平均的、ひっつめ髪に細面、間隔の開いた茶色の目。こめかみの周囲にほんの少し、疎らな灰色があり、耳には凹み。そこにあったピアスは外されて久しい。話している間にその眼は涙に濡れ、そして会話が進むと、ゆっくりと確実に下を向いていった。

彼女によれば、ポールが初めて彼女を傷付けたのは一〇年前、妊娠を告げた時だった。クルマの中に座っていて、助手席にいた彼は彼女の顔面をハンドルに叩きつけた。あまりに一瞬のことで、追突されたと思ったほどだ。そのことを母親に相談すると、何か怒らせるようなことをしたんじゃないのと言われた。それと、妊娠したのなら自分のベッドを設えてそこで寝た方が良いわと。後にその子は、ポールに階段から突き落とされて流産した。だが彼は、突き飛ばしたなんて何かの思い違いだし、もともと生まれない運命の子だったんだ、と言った。これは「ガスライティング」と呼ばれる戦略だ――虐待者が被害者を操り、自分自身の認識や正気を疑うように仕向けるのである。

彼女は三度も警察を呼んだが、何の助けも得られなかったし、彼が起訴されることもされなかった。それに対する罰としてポールから三度目の殴打を受けて以後、もはや二度と警察に届けることは諦めた。どこでも良いから家庭内虐待に関するディスカッションに出てみれば、何故女性は家を出ないのか、警察を呼ばないのかと訊ねる人が必ずいる。実に簡単な話に聞こえる。だが虐待関係にある二人の人間の間の力学は信じがたいほど張り詰めたものなのだ。暴力と衝撃、深い悔恨、強い感情的な和解、希望と高揚がぐるぐると回っているのだ。それから、その次に恐怖。静かな期間の後、被害者は何かが起りつつあるのを知る。ただそれが何時かが判らないのだ。そこで自分の行動を変えることによってそれをやり過ごそうとする——自らの「内に」隠り、滅し、平穏を保つためなら何でもする。だが、それが上手く行くことはない。不可避的に、更なる暴力が襲う。そして次のサイクルが始まる。

この強力なループの中にいる双方は、このサイクルを繰り返す度に、また次のサイクルへと突入する。被害者は瞬く間に順応する。暴力の脅威は、学習のための強力なインセンティヴを創り出すからだ。今の状況は他でもない自分自身の過失の結果だと信じるようになり、自分を無価値な弱者だと見なすようになる。自分が良い子にしていれば、それは止る。その時まで、自分は誰の愛にも値しないのだと。虐待者もまた自分の持つ力に執着するようになり、暴力と操作を巧みに用いて、パートナーを思いのままに服従させようとする。この歪んだ力学は、両者を噛み合わせようとする瘢痕組織のようなものだ。だから家を出るというのは多くの人にとっては当然の帰結のように思われるが、しばしば被害者にとっては全く不可能なことに感じられるのである。

アリソンは女性保護施設に安息の場を見出したが、ポールに尾行され、家に連れ戻された。そして彼から、ソーシャルサービスにお前は気違いだと報告してやる、そうすれば子供たちも奪われてしまうぞと脅された。アリソンには掃除の習慣があった。綿密に、何度も何度も掃除をしなければ気がすまないのだ。彼は、そのことが人にバレたらお前は監禁されてしまうぞと脅した彼女は一〇代の頃にレストランで働いていたが、その店が食品衛生基準を破ったために営業停止になったのだという。彼女の母――何をしても満足させられない厳格な女――は、お前が自分の仕事をいい加減にやってたからじゃないの、と言った。こうして掃除への強迫観念が生まれた。後にそれは、彼女が不安を感じた時に行なう儀式となった。心の中の混沌とした不安の流れを抑えつける方法だ。その流れは、この段階では既に四六時中、彼女の心を占めるようになっていた。彼女によれば、ポールはビスケットやポテトチップスを袋の上から砕き、中身を家中にぶちまける嫌がらせをしたという。

医療記録によれば、彼女は過去数年の間に原因不明の負傷で数回以上入院していた――一度は、漂白剤を飲んで喉を火傷している。この時は事故でしたと医師に説明した。私が訊ねると、ある日、掃除に苛立ったポールがそれを飲めと命じたのだという。そして自ら彼女の鼻を摘まみ、無理矢理飲み込ませたという。医師は、これが事故でも何でもないということを知っていた――過って漂白剤を飲む大人など、私ですら見たことはない――そして彼女に、何か言うことはありませんかと訊ねた。だが彼女は沈黙していた。何か喋れば、子供たちを取り上げられると恐れたのだ。看護師が話しに来たが、埒が明かず、もしもアリソンが「何度も繰り返すようなら、それが楽しくてやっているに違いない」として会話を打ち切った。

アリソンは彼に強姦もされたと言った。土曜の午後には、ガレージから持出したウォッカで強かに酔っ払い、そしてセックスをしたがる。もしもアリソンが積極的に見えなくとも、いずれにせよ強制する。彼女が楽しんでいるように見えなければ首を絞めるので、視界が霞み、意識が朦朧とするのだった。

＊

彼を殺した夜まで、数日の間、ほとんど眠れていませんでした、とアリソンは言った――暫く状況は穏やかでしたが、緊張は高まっていて――以前の暴力が目の前にちらつくのを止められず、息もできなくなっていました。あの日の午後は、卵の殻の上で跳ねているような感じでしたが、同時にまた、彼の反感を買わないようにすること、掃除をしないでおくことに疲れ果てていました。思わず泣き出すと、彼は辛気くさい真似は止めろと言いました。身を隠すために台所へ行くと、彼はソファに寝そべったまま怒鳴りつけました、「ガレージ行って酒持って来い」。

この時、彼女は自分の腸を抑えることができなくなった――台所の写真にあった通りだ。汚れたズボンのまま、恐怖に慄えながら、彼女はガレージへ行って、ウォッカの瓶の前に立った。そして瓶ではなくパイプレンチに手を伸し、拾い上げた。この瞬間、恐怖は「麻痺したんです、何だかふわふわして」と彼女は言った。彼女は踵を返し、真っ直ぐラウンジへ向かうと、ポールの真後ろに立った。彼はソファの上で俯せになり、目を閉じていた。渾身の力を込めてレンチをその頭に振り下ろす。何度振り下ろしたかは憶えていない。

これを言う時、彼女は大きく息を吸い込んだ。明らかに、自分の言ったばかりのことに恐れ戦いている。それから彼女は言った、「可哀相なポール、可哀相なポール」。

彼は動かなくなった。どう説明していいか解らないのですが、それでもなお、彼が今にも激怒して跳び掛って来そうに思えたんです、と彼女は言った。だが実際には彼が動くことはなかった。彼女にできたのはただ、その時の混乱した思考と恐慌を思い出すことだけだ。台所へ駆け戻り、ナイフ台から小さな鋸歯状のナイフを掴み、そこに立ち尽くした。たぶん長い間、身体の前にそれを構えていた。いつ何どき、彼が跳び掛ってくるかと恐れながら。それから躊躇いがちにラウンジに戻り、生きているか確かめるために揺すってみた。自分自身の手で揺すっているのに、それでもなお彼の身体が動くのは恐かった。その胸を刺した。だがその時には既に死んでいた。

　自分の手を見詰めながら、彼女は再び「可哀相なポール」と言いかけた。だがその言葉が出る前に、彼女は嘔吐した。

*

　家までの長いドライブで、高速道路の見慣れた灰色の風景の中を少しずつ進みながら、私は彼女が語った典型的な虐待のサイクルを自分がどう認識しているかを考えていた。家庭内虐待関係の力学を学んで過した長い時間のみならず、自分自身の体験からもそれを認識していたのだ。

　HMPウェイクフィールドを去った後も私はあの刑務官と会っていた。だが間もなく関係は縺れた。彼の振る舞いは益々居丈高で恐ろしいものになっていた、彼好みの服装をしていない時、正しい蛇口からケトルに水を入れない時、彼の望むように微笑みを浮かべない時、彼の望みのままに、望む時に情熱的にセックスに応じない時に。今にして思えば、これはまさしく「支配的束縛」と呼ばれるものだった。今なら三〇歩離れていても解る。*だが、後知恵なら何とでも言える。当時の私たちには、そんな言葉さえなかったのだ。その発病はあまりにも潜行性で、仮に言葉があったとしても、これがそうだとは思わなかったかも知れない。

病院の隔離病棟で見習い司法心理学者としての新しい仕事を開始した頃には既に耐えられなくなっていた。当時、この種の仕事はそうそう見つかるものではなく、だからそれにありついた自分に誇りを持っていた。やっとのことで、ボランティア学生から給料の貰える駆け出し心理学者になったのだ。私たちの関係は人生の「香料の蠅**」のように感じられるようになった。何とかして別れたいと願ったが、虐待関係が終る時というのは危害の危険が増すときだということも解っていた。

最終的にはどうにかこうにか別れられたが、彼はそんなにすんなりとは行かせてくれなかった。彼は私の職場に現れるようになった。今も駐車場で粘っているよとか、受付に乗り込んで来て今日はもう帰ったかどうか教えろと要求したよとか、同僚が教えてくれた。家の入口ドアをばんばん叩いたり、窓から覗き込まれたと思った瞬間に電話が鳴り出したりした。私はカーテンを閉め、彼が立ち去るまで身じろぎもできなかった。

いつも通りの陰鬱な一〇月三一日――ハロウィーン。職場から帰り着き、家に駆け込んだ瞬間に雨が降り出した。トリック・オア・トリートの子供たちが路上にいて、私はあの子たちすぐにずぶ濡れになるわと卑しいことを考えた。私はドアに駆け込み、玄関でコートを脱ぎ棄て、真っ直ぐ

＊「三〇歩」は拳銃による決闘の際に離れる距離
＊＊「玉に瑕」と同じ意味

キッチンに向かった。ルームメイトがいるかどうか確認するためだ——いなかった。ドアの呼鈴が鳴ったので、私は文字通りすっ飛んで行った。子供たちの塗った顔とプラスティックのマスクを予期して。だがそうではなかった。

＊

数日後、警察に電話するよう促したのはルームメイトだった。もしあなたがしないなら私がするから、との最後通牒を以て。だがその電話がべらぼうに難しいのだ。これから発動するだろう一連の出来事を思うと暗澹たる気分になった。

家庭内虐待の被害者が覚悟を決めて警察に電話すると、もうその先の結末は二つしかない。そしてそのどちらもハッピーではないのだ。当局は何もせず、その先に地獄が待ち受けているか。あるいは実際に何かをしてくれて、お陰で新たな現実に直面するか——被害者の人生も何もかもがひっくり返り、崩壊してしまうのだ。私の本当の望みは、彼が——すべてが——去ってくれることだけだった。犯罪を通報するのは、人生に全く新たな問題を巻き起こすように感じられた。それでも私は電話した。そして何ヶ月も後、私は法廷にいた。

アルベルト・フォン・シュレンク゠ノッツィンク博士は、法廷で証言した世界初の心理学者だ。一八九六年、ミュンヘンの殺人事件裁判で、目撃証言の信頼性に関する証拠を提出した。私はずっと、自分が初めて法廷に行く時のことを、この一八九六年の出来事に基づいて想像していた。ヴィジョンでの中の私は学識豊かな専門家で、裁判官と陪審に自分が到達した結論を教え、法廷をすっかり魅了する。勅撰弁護士は溜息を吐いて言う、「これ以上の質問はありません、裁判官殿」。反対尋問における私のプロフェッショナルぶりにすっかり敗北を認めたのだ。私が全く熱望していなかったのは、被害者として証言することだ。頬を紅潮させ、何故もっと早く訴えなかったのかという弁明を捻り出そうと苦労することだ。

その後に続いた公判で私は次のように証言した、私は自分が仕込まれた芸を披露する海豹になったように感じていました、常に雰囲気を楽しくするように努めていました、ほんの些細なことが引鉄になって、彼の怒りを引き起こすのです、それを避けたい一心で……何しろ一度その怒りに火が着けば、何日にも亘って燃え盛るのです、と。そんな訳で私は、アリソンが語った恒常的な恐怖の状態を良く理解していたのだ――何かが爆発するのを常に予期して待ち受け、それを避けるためにはどんなことでもする――だが何度も何度も、そんなことは不可能だと思い知らされる。何故なら無論、問題はこちらではなく、相手の行動にあるのだから。

それは地元の下級裁判所に過ぎなかった――小さく、陪審もおらず、いたのはただ三人の下級判事、私、元彼、元彼の弁護士、検察官だけ。だが同時に、国中のメディアが集まって来たかのように思えた。弁護士は――自らの職務を遂行しているわけだが――私たちの関係に関する一連の個人的で気まずい質問をした。これはあなたが断続的な関係を持っていた男性で、つまり結局のところ、昵懇にしていたわけですよね。あなたはつまらないことで騒いでいるだけなのではないですか？これは単なる痴話喧嘩に過ぎないのではありませんか？　人の気を惹こうとするヒステリックな若い女性の、過剰反応ですね。あなたはただ時間を無駄にしているだけの、単なる嘘つきですね――

少なくとも、私はそう言われた。

二週間後、彼はハラスメントで有罪判決を受け、一八週間の拘禁を命じられたが、実際には九週で済むだろうと予想された。そして現実には、ただ一度の週末を獄中で過して終った。裁判の後、弁護士が直ぐさま動いて、刑務官である彼は他の受刑者から危害を加えられる恐れが非常に高いと訴えたのだ――そして彼の判決は後に抗告裁判において取り下げられた。

犯罪と事件を報ずるメディアはしばしば、真実や事実とは全く異なる次元、全く無関係の場所に存在するかのように見える。新聞は記事を売り、その記事は彼らのアジェンダに沿うように紡がれる。このエピソードは、タブロイド記事として完璧なありとあらゆる猥褻な要素を備えていた――刑務官と赤毛の女。もちろん、この話はそのようにタブロイド紙に書き立てられた。

その日の朝、ニューススタンドにいる私自身というシュールな光景を初めて見た時、突如として不安を感じた。猛スピードで降下する昇降機《リフト》に乗っているかのように。病院の建物の共有エリアでは、毎日全ての新聞がテーブルの上に広げられる。そこに入ると、ほとんどのタブロイド紙の第一面に私がいた。とある記事は、看守長に関する古典的な刑務所の駄洒落を使っていた。看守長が、癇癪持ちの精神医との刑期／時差ぼけ《ラグ》を克服した、とか何とか。また別の新聞はこの記事にまるまる二ページ費やしていた。私が提出したとても気まずい証拠に関しては、彼が私の裸の胸に口紅で殴り書きをしたことを面白おかしく取り上げた――本当にfeminist bitchと書いたのだ。私はこの時、この男が私を人間ではなく落書き用の壁として扱ったという事実に茫然とした（そして彼がfeministという綴りを知っていたことにも）。それと、私の証言のこれ以上ないほど私的な細部を、ジャーナリストが安っぽい刺激として再利用したことには、今に至るもなお茫然としている。

恥辱を説明することはとても難しい。確かに、職業としてクライアントと接しているだけでも、それが如何に深く突き刺さるものかを徐々に理解はできただろう——恐ろしい行為の被害者と、その加害者の両方を通じて。だがたぶん、それを完全に理解するためには、自分自身でそれを味わう必要があるのだ。私はトイレに行き、鏡の中の自分を見た。その鏡像に心底ムカついていた。

私の監督官は私がとても働ける状態ではないのを見て取って、帰宅を命じた。そしてほとんど付け足しのように言った。「だが帰る前に、ウィルコックス博士のところへ行って詫びを入れるように」。ウィルコックス博士は顧問精神科医で、私はそのチームに就いている。私は上司のところへ行って、自責の念を示さねばならないのだ、ビスケットを盗んだ子供のように。彼らは別に怒っているわけではない、ただ失望しているだけなのだ。私は疑問も抱かずに彼のオフィスに飛び込み、ぶつぶつと愚にも付かない言い訳をした。この男は明らかに、いったい何がどうなっているのかさっぱり解っておらず、電光石火で私をその場から追い出した。私はこの日、監督官に加えられたこの追加の侮辱を決して許すことはないだろう。彼はだいたいにおいてまともで協力的な男だったが、というかそうでなければ一緒に仕事なんてしたくもなかったのだが、その時に限っては思い遣りというものを完全に失っていた。

翌日か翌々日に仕事に復帰したが、職員室の誰一人としてそれに言及する者はいなかった。同僚たちの一人として。もうその頃には誰もが知っていたが、誰も何も言わない。どこへ行ってもみんな目を伏せている。同僚たち——高度に熟練した看護師や心理士——は、あの見出し以上のものは何も見ていない。たとえ見ていたとしても、それを私には言わない。私の気持ちを問うこともない。彼らが不愉快に感じていることだけは手に取るように解った。下に字幕が出ている。われわれはこんなことをすべきではない、われわれはメンタルヘルスのプロフェッショナルなのだ、こんなことはわれわれの患者たちに起ることであって、われわれではないのだ、と。私にできるのはただ堂々としていることだけ。だけどそれも容易なことではなかった。

戻った初日、私は患者たちの共有エリア——新聞が置いてある場所——に五分ほどの間、たった一人で座っていた。そこへ近づいて来たのは、三人の女の患者。小さな白い雛菊の花束を手にしている。明らかに外の芝生で摘んできたものだ。この女たち——学習障害、幻聴、幻覚、異常な信念などを持ち、おそらく現実世界から懸け離れた人々——はそこに立ち、この雛菊をくれたのだった。一言も言わないが、何故ここに来たのかは私には解っていた。彼女らは黙って頷き、私も頷き返した。この小さな三人はその瞬間、職員の誰よりも共感に満ちていた——あの専門家たちは、私に話しかけることも、私を見ることすらできなかったのだ。

私は毎年更新される契約を結んでいたが、数ヶ月後にあるはずの契約更新はなかった。私は直ちにその理由を理解した。その病院には既に二年近く在籍していて、仕事で問題を起したこともない。棟管理者は、理事会に宛てて私の退職に失望している旨の手紙まで書いてくれた。だが契約は更新されず、何の説明もなかった——必要もなかった。結局のところ、馘首になったわけではないのだから。ただ単に、もはや私のポストが無用になったということだ。監督官はオフレコで言った、君は病院に恥を掻かせたのだ、何故そうなったのかはどうでも良いことだと。彼らは私が性犯罪歴のある男性患者を相手に仕事をするのに相応しくない人材だと感じたのだ（彼らが女性患者と棟を共有するのはＯＫなのに）。

　そんなわけで、私は辞めた。終りだ、と思った。私はこの病院に酷いケチを付けたのだ。私のキャリアは始まる前から終ってしまった。元彼は既に仕事に復帰している（看守長になる人の履歴書には一点の犯罪歴ももってのほかのはずだが、実際にはそうでもないのだ）。だがどういうわけか、私の方は職を失ったのだ。それだけじゃなく、満天下に恥を曝されもした。

　悪気のない友人が、週末出掛けるから世話してよ、と仔猫を置いていった。セレンディピティ、通称ディッピー。誰でも知ってる、悲しいときに必要なのは仔猫だ。ディッピーは可愛いかったけど、タスマニアン・デヴィルの血が混じっていた。彼女は週末の間ずっと、私の持っている全ての家具をずたずたにして過した。植木鉢は残らずひっくり返され、中の土がリヴィングのカーペットの上に惜しみなくぶちまけられた。これを何とかしようとして初めて、うちの電気掃除機《フーヴァー》がぶっ壊れているのに気づいた。単なる土にすぎない。だけどそれが最期のとどめになった。私は床に座り込み、ディッピーの柔らかな毛皮に顔を埋めて咽び泣いた。私の人生は台無しで、もう取り返しがつかない。

　ええそうよ。私にはアリソンの立場がよく解る。だけど私がそこにいたのは感情移入するためじゃない。感情的共感――他人の感情を理解するだけじゃなく、共に感じること――は美しいけれど、同時にまた気まぐれで近視眼的な情緒でもあって、プロの司法心理学者の分析には役に立たない。思考を支離滅裂にしかねないし、法廷のための司法鑑定の文脈にはそぐわない。誰かと同一化することは私の仕事じゃない、相手の話の中にどれほど私自身の物語を見つけ出そうと。クライアントを鑑定している時には、私の経験やそれに基づく偏見なんて、お呼びじゃないのだ。

＊

アリソンの事務弁護士*から、警察が採取した夫婦の隣人や知人たちの証言のコピーが送られてきた。彼女はしょっちゅう痣や怪我をしていた。実際、ポールが彼女を殴っているのは誰でも知っていることだった。眼を通したほとんど全ての証言が、同じことを述べていた。私は彼女に逃げなさいと言ったんですよ、別れなさいと言ったんですよ。対して、彼の方に出て行け、彼女を殴るのを止めろと言った者は一人もいなかった。

被害者に責任を探し求め、見出すのは私たちにとってごく自然なことだ。アリソンは、実際に武器を取って犯罪者になる遥か以前から、あんたが悪いのよ、と言われ続けてきた。

アリソンが、ほとんどの人が言うところの被虐待妻であることには疑いの余地は無い。まさに「被虐待妻症候群《バタードワイフ》」の典型的な事例だ。この憂鬱な用語は、アリソンがポールの手によって被ってきた継続的で累積的な虐待の、深く永続的な心理的効果を認めている。だけど私はこの用語が好きではない。何だかライフスタイルの選択のように聞えるからだ、暴力を受けているのに「家にいるママ」みたいに。もっと言うと、それは正当防衛のカテゴリでもなければ、精神医学における診断名とも認められていない。

UKでは、われわれは二つの診断システムの間を飛び跳ねている。アメリカ精神医学会が作成した『精神障害の診断・統計マニュアル』（ＤＳＭ）と、世界保健機構が作成してヨーロッパ一円で用いられている『疾病及び関連保健問題の国際統計分類』（ＩＣＤ）である（精神医学の分野においてもまた、私たちは私たちと最も特別な関係にあるのが誰かを決められないのだ）。被虐待妻症候群はそのどちらにも出て来ない。

そんなわけでアリソンは明らかに被虐待女性ではあるが、そのように述べたところで法廷では有効と見なされないことは解っていた。英国の法の下では、謀殺で起訴された人がその罪を故殺に減らすのに有効な弁護は限定されている。最も良く用いられるのは「突然かつ一時的な制御の喪失」（かつては「挑発《プロヴォケイション》」と呼ばれていたもの）だ。議論の余地のある弁護であり、被虐待女性にとってあまり助けにならないことが多い。

今日の法廷は、進行中の虐待は挑発であり、その影響は、他人の眼には無害なトリガーに見えるものに対する即座の暴力的な反応を引き起こすこともあり得るということを認めている。しかしここに問題がある。そのような即時の反応を引き起こし、しかも同時に自らをさらに大きな危険に陥れないようにするためには、その挑発をした相手と少なくとも同等の強さを持ち、理想的にはより肉体的に支配的な地位にあることが必要となる。多くの被虐待女性には望むべくもないことだ。被虐待女性には、襲撃もしくは脅迫されている最中に「突然かつ一時的な制御の喪失」に陥るというオプションはほとんど無い。虐待する男の方が一般に虐められる女性よりも身体も大きく力も強く、

＊依頼人から直接依頼を受け、法的アドバイスや法廷外の訴訟活動を行う弁護士

恐ろしい存在だからだ。被虐待女性は、その瞬間の熱気の中で冷静さを失えば、最悪殺されることになることを知っている。

実際、法は怒りと、その瞬間に為される激した肉体的行動——圧倒的に、このような状況にある男の特権——を実際の、自由に牢屋から出られるカードと見なしている。そのことはすぐに行使することのできる自分自身の力を持つ者には有利だ。だが予想が付くように、虐待者を殺した女が関わる事件の大半は、武器の使用を特徴としている。一般的にはナイフ、毒物、火器である。

この問題にスポットライトを当てたのは、一九八九年のサラ・ソーントンの事件だ。ウォリックシャーのサラ・ソーントンは、暴力的な夫からお前と一〇歳の娘を今すぐ「死体《デッド・ミート》」にしてやる、との脅迫を受けた後に彼を殺害したとして終身刑を受けた。検察側は、彼女は台所へ行ってナイフを取り、戻って来て彼を刺すまで約六〇秒の時間があった、と主張した。つまり彼女の行動は計画的だったというのだ。言い換えれば、それは制御の喪失が認められるのに必要な「突然かつ一時的」な行動ではないということである。この判決を下した裁判官は、もしも命の危険を感じたのなら、外か上階に逃げることもできたはずだと述べた。ソーントンは不本意ながらも、女性のための正義を求めるグループの看板に祭り上げられた。その主張によれば、彼女の事例は家庭内殺人を取り巻く弁護オプションにある根深いジェンダー・バイアスを表すものだという。制御の喪失は男によって男のために書かれ、男によって用いられる弁護の手法だというのだ。

ソーントンは最終的には抗告が認められ、一九九六年にその判決は故殺に減刑された。実刑はこれまでの投獄期間を以てこれに代えることとなった。ある意味勝利だ。だがソーントンの弁護団の主張は、彼女の「人格障害」を理由とした限定責任能力だった。つまり彼女の「勝訴」は、彼女が「病気」であるとの認定によるものだったわけだ。

アリソンがポールを殺したとき、彼女が異常な精神状態にあったことは明らかだ。その苦悩は何ヶ月にも亘って築き上げられてきたものだが、酒を持ってこいという彼のあまりにも日常的な命令がトリガーとなり、彼女の内なる闘争／逃走本能が発動した。辺縁系、すなわち私たちの最も原始的な衝動を支配する脳の部位に突き動かされ、彼女はこの時ばかりは闘争に転じた。彼女の脳は警報を鳴らし、アドレナリンを初めとするホルモンを溢れさせ、交感神経系を増速駆動させ、肉体を防衛行動へと駆り立てたのだ。

私はアリソンのために詳細な報告書を書いた。そこには「心理学的定式化」も含まれている。これは法廷向けに、彼女の人生の出来事、その意味、他者との関係を要約したもの。アリソンにとっては子供時代からの旅の記録だ。母親の批判的な態度の所為で、彼女は自分は無価値な存在であるという根深い感覚と罪悪感を植え付けられた。これによって最終的に彼は支配的な男にとって格好の餌食となり――長年の間――彼は反復的に彼女を殴り、強姦し、侮辱し続けた。更なる襲撃に遭う寸前で、彼女の恐怖は張り詰め、初めて彼女は反撃に転じたのだ。

だが法廷にとって、心理学的定式化はあまりにも範囲が広すぎる。求められるのは具体的かつ容認された精神医学用語による見解だ。そこで、自分の見解ではおそらくアリソンはポールを殺害した時点で精神に異常を来し<u>ていた</u>、と書いた。具体的には、彼女は少なくとも三つの病名の基準に合致している。「心的外傷後ストレス障害」「強迫性障害」「抑鬱症」。そうは言っても、当時も今も感じていることだが、個人の物語をこんなふうに診断上の「障害」に還元してしまうというのは、ちょうどモナ・リザの微笑を私がこの手でペイント・バイ・ナンバー*で描こうとするようなものなのだ。

法廷での公判には参加しなかったが、数週間後、家でイヴニング・ニュースを見ていると、この話が出た。アリソンがすっかりシェルショックを受けた様子で法廷から出て来た。たぶん父親だと思われる人物に文字通り支えられている。刑事法院の外に立っているレポーター曰く、アリソンは限定責任能力のゆえに故殺で有罪となったと。法廷は、彼女は「三種の異なる精神病を患っていたがゆえに夫を殺した」と聞かされていた。裁判官は、精神病の治療を受けるという条件で留置刑の執行を延期した。

アリソンが刑務所へ送られなかったのには本当に驚いた。何しろ一人の男の人生を終らせたのだ。彼女はポールを殺すべきではなかった、だがそんな生き方をせねばならぬ謂れもなかったのだ。少なくとも今や、適切な助けを受けるだろう。私は満足した。

だがその夜、ＴＶを消した私は、些細な不安感を拭い去ることができなかった。アリソンは本当に、精神に異常を来していたのか？　どれほど異常ならあんな反応をするのか？　間違いなく、極端な異常だ。だが極端な状況に対して極端な反応を示すのは異常なことなのか？　状況が違えば、もしも結果が殺人ということでなければ、このような強固な脅威に対する彼女の肉体の反応は正常で、有益な生存反応と見なされたのか？

そんなことは単なる意味論の問題に過ぎないと自分に言い聞かせ、アリソンのトラウマの診断において私が共犯していたという考えを払いのけようとした。ベッドに入り、寝室の灯を落した時、ふと思い出した、お前がどれほどキチガイかってことが当局にバレたら、強制入院だぞ、とポールがアリソンに信じ込ませていたことを。実際には、彼女のリアリティ——彼女の生きた人生、そして最終的にポール殺害に至らせることになった、あらゆる逆境の層——は事実上、彼女の物語から消されていたということだ。私たちは共謀し、彼女は一つではなく、三つの精神病を患っていると世間に告げた。これもまた被害者に対する批難のひとつではなかったのか？

それはどうしても去ってくれない精神的な障壁だった。だが私はまだそれに立ち向かう覚悟ができていなかったのだ。

＊一九五〇年代初頭にアメリカで流行した、アマチュアがプロ並みの油絵が描けることを売り物にした絵画キット。線画の各部分に数字が書かれており、すでに混合されている同じ数字の油絵の具を塗っていくだけで絵が完成する

第４章

フェイキング・イット

どんな生き物にも少なからず狂気に囚われた部分があり、時として説明の付かない行動を取ることがある。この狂気は守ってやらなければならない。

——ヤン・マーテル『パイの物語』

掌を開き、右手にある五〇ペンスのコインを数秒間トラヴィスに見せて、それから拳を握り締める。それから彼に、目を閉じて数を一〇から逆に数えた後で「目を開いて、コインはどっちの手にあったか言って」と頼む。

彼は目を閉じた。額に集中力の皺が寄っている。「じゅう、きゅう、ご、なな」。助け船を出す。「六、五、四……」。

トラヴィスは目を開き、人差し指を上げて私の左手に触れ、それから私がそちらは空だと示すと首を振った。これを一〇回、五回はコインが右手、五回は左手。彼は八回間違えた。

心の中でにやりとする。確かに私は彼を揶揄っている。彼の方も私を揶揄っているつもりだけれど。私は意識的に顔の筋肉を緩めた。気遣わしげで素直な表情を見せるために。だが間違いなく、トラヴィスはほんの一瞬の微笑——「マイクロ・エクスプレッション」——を浮かべ、そしてすぐに消した。つまり私も彼も「騙す喜び《デュピング・ディライト》」を体験していたことになる。これは他人を騙くらかすことに由来する本能的な喜びで、しばしば、ほんの一瞬の思わぬほくそ笑みに現れる。

これは「掌コイン・テスト」、つまりいわゆる「ベッドサイド・テスト」のひとつ。特別な器具も準備も要らないことからそう呼ばれる。短時間かつ単純なスクリーニング・エクササイズで、対象者が記憶障害のふりをしているかどうかを判定する。このテストで間違える人はほとんどいない。馬鹿みたいに簡単だからだ。だが、これをあなた――つまり心理学者――が、難しい課題だと言って提示すると、ふりをしている者はほとんど常に、態と間違えて見せて記憶障害を装うのだ。

トラヴィスは既にＩＱテスト――クライアントのほとんどに適用する標準考査――で異常なほどの低得点を叩き出していた。にも関わらず彼はバックギャモンをやらせればたいてい勝ち組に入っているのである。これは彼のテスト結果が示すよりも遙かに高い精神能力を要求されるゲームだ。この奇妙な人物に対する興味が掻き立てられ、彼から目を離さないようにとメモした。

彼と出会ったのは数週間ほど前、とある中度隔離病院でのこと。刑務所から直接、改造レイランドＤＡＦヴァンでやって来た。二人の護送人の一人に手錠で繋がれて。逮捕はその数週間前、安物の電子機器を輸出入した容疑。けちな犯罪だが、それよりも遙かに儲かる薬物密輸の隠れ蓑ではないかと疑われた。詳細はよく解らない、トラヴィスは逮捕までの数日間のことや、裁判までの間拘禁されていた時期のことは何も憶えていないと主張したためだ。

彼は精神保護法第四八条に基づいてわれわれのところに送られてきた。この条項は、精神病の症状が重篤で刑務所では提供できないようなレベルの治療が必要と判断され、刑務所から病院へ移送される者のための法的枠組みを定めている。トラヴィスは二人の医師に診断され、そのいずれからも非常に重篤な精神病を煩っており、彼自身の健康と安全のために刑務所に留まることはできないとの判断を下された筈だ。

一九九九年においてはこれは大したことだった。トラヴィスが携えてきた情報は貧弱なものだったが、彼はその行動と管理において刑務所内で何らかの大きな懸念を惹き起こしたに違いない。刑務所外への移送を勝ち取ることは、他の刑務所へのそれでない限り、容易なことではない。メンタルヘルス問題に関する政治的関心が高まり、より複雑な資金とサービス提供のシステムによって重篤な精神病がそれなりに理解されるようになった今日においてすら、精神的に健全ではない囚人の隔離病院への移送のための方策とプロトコルはなかなか厄介で、長い期間を要するのだ。トラヴィスはどういうわけか、他の者なら何時までもぐずぐずと澱んでいる行列の一番前へ躍り出たことになる。

ここはもともとあった病院の比較的新しい造築部分で、ありがちなことだが、一般人の目を避けるために施設内の最も辺鄙な場所に位置している。一続きの低層で平屋根の建物で、明るい役所風煉瓦製、陽気な原色で塗られた金属の装飾、小さな芝生に木立もある。ちょっとしたレジャーセンター——かなり貧弱なやつ——に見えないこともない、もしも周囲を六メートルのフェンスで囲まれていなければ。

隔離精神病施設——法医学病院とか閉鎖リハビリ施設とも呼ばれるが——がおしなべてそうであるように、ここに収容された人の多くは犯罪で告発されたり有罪判決を受けたものの、重篤な精神病のために刑務所には馴染まないとされた者である。だが同時にまたここには、別に刑事司法制度のお世話になったわけではないが、その行動が何にせよ問題であり、普通のメンタルヘルス施設では荷が重すぎると判断された人もいる。

ここには一三床の病棟が三つあり、さらに年輩男性のための六床の長期入院設備がある。各棟には英国人詩人の名前が付いている。私が一日のほとんどを過すチョーサー棟の男たちのほとんどは何らかの精神障害を患っている。一般人には感じられない幻聴や幻覚があるのだ。ここの登場人物たちはチョーサーの詩に全くそぐわないというわけでもない。一人の男は私が彼の思考を聞き取ることができると信じ込んでおり、定期的に不作法な考えを起したことを謝ってくる。別の患者は、自分はここにビジネスで来ているのだと言い張って譲らない。毎日スマートなスーツを着こなし、首に巻いたラニヤードにルームキーを付けている。あり得ないほどの説得力があり、その辺の本物のビジネスマンよりも遥かにビジネスマンしていて、棟を訪れた人に対しては固い握手で迎え、この院長ですと自己紹介する。シチュエーション・コメディさながらに、大志を抱いた純真な若者が就職のために面接を受けに来たことも何度かある。彼が街に散歩に出た際に言いくるめたのだ。職員が二人随行しているというのに。三人目はクロアチア難民の男で、自分は民間警備隊に掴まっていると信じ込んでおり、自分の政治的中立性を立証できさえすれば家に帰れると思い込んでいる。

トラヴィスにはこういう変なところは全然なかった、最初は。彼は直ぐさま場に馴染んで、静かに寛いでいた。明らかに女性看護師や職員と話すのが好きで、状況が違えば彼を女誑しと呼んでいたかもしれない。身だしなみは非の打ち所がなく、きちんと手入れされた髭に、いつもコロンを振りかけたばかりのように良い香りを漂わせている。燃えるように暑い六月のことで、彼はしばしば外で日光浴をしていた。私物のステレオの音楽に合わせて足を鳴らし、試験が終ったばかりの学生のように世の中を見渡している。

＊

私がここに来たのは失業の危機がすぐそこまで迫ってていた時だ。見当違いの理由で新聞に大きく取り上げられ、訓練生として働いていた隔離病院との契約が「停止」された後、気がつけば口座には一月分の給料もなく、数週間後には職場を放り出されるまでになっていた。お先真っ暗で、選択肢も限られている。何しろまだ資格もないのだ。落伍者として実家に戻るなんてご免だ。何とかキャリアを失いたくない一心で、私は職場から『法医学便覧』を借り出し、片っ端から電話番号を調べた。内なる「パワーポーザー」にチャネリングして、ともかく電話を掛け始める。

これは幼い頃に身に着けたテクだ。私はセント・ウィニフレッド・スクールの合唱団にいたが、この合唱団は一九八〇年にどういうわけか「ゼアズ・ノーワン・クワイト・ライク・グランマ」という曲でクリスマス・ナンバーワンを獲った。さらにはジョナ・ルイの「ストップ・ザ・キャヴァルリ」で首位を獲ってからシーズナル・フェヴァリットも維持した。人気の頂点で、私たちはもうひとつの一九八〇年代のグループであるザ・ノーラン・シスターズと共にＴＶのクリスマス特番に出た。今でもYouTubeに映像があるけれど、人工雪が降りしきる中、みんなで「ハヴ・ユアセルフ・ア・メリー・リトル・クリスマス」を歌ったのだ。

八年に及ぶ当時の私の人生の中で一番長い一日で、見れば解るけどみんなウンザリして、欠伸して、テンポなんてズレまくっていた。私は前の方にいて、前屈みで拳を握り締めている。釣り竿をなくした庭のノームみたい。いつ果てるとも知れないこの一日がついに漸く終るかと思った頃、サウンドトラックは別録ですと言われた。もうみんな歌うどころかまともに話すこともできなくて、調子も拍子も外れまくり、クリスマスというより葬式みたいになっていた。

だけど最後に何とかしてくれたのは、校長のシスター・アクィナス。曰く、「皆さん、撮影はしませんが、一世一代のパフォーマンスのつもりで歌わなければなりません。背筋を伸して、顔を上げて、しゃんとして、スマイル！　この歌を歌っている間は、ずっとスマイルです！」。私たちは小さな顔を微笑ませ、即効で最高のレコーディングをした。

この時私たちは、ハーヴァード大学の社会心理学者エイミー・カディ[1]が後に「パワーポージング」と呼ぶことになるものの一種を習得していたのだ。今や有名となった二〇一二年のＴＥＤトークで、彼女は精神がボディ・ランゲージを認識し、それに反応する際の脳内の化学物質と生理機能の微妙な変化によってパフォーマンスを向上させる技術を説明した。この技術は多くの人から似非科学として一蹴されているが、本物の生物学的ライフハックであれ単なるプラセボ効果であれ、ポーズを決める――肉体的に自信のあるポーズを取ることで自信を生み出す――という考えは、今もある程度普及している。ショービジネス界では、「ティッツ・アンド・ティース」と呼ばれている（シスター・アクィナスはそんな言い方はしなかったけれど）、結局は同じ一般的なアイデアに帰着する。つまり「フリをしてればホントになる」ということ。知ってか知らずか、シスター・アクィナスはその日、価値のある人生の教訓を教えてくれたのだ。

目の前に『法医学便覧』を置いて、Ａから順番に、精神科の病院と隔離病院に電話を掛けていった。アルファベットの半分も行かないうちに、面接が一件入った。この中度隔離病棟の管理者に、治療スタッフに司法心理学者は足りていますかと訊ねた。いないという。私はダメ元で、一人くらいいた方が良いですよと提案した。あなたは司法心理学者なのですか、と訊ねられたので、まあだいたいそんな感じですとか何とかもごもご答えた――相手はしばらくお待ちくださいと言った。電話口を塞いだ遣り取りが聞え、翌週、私は電車に飛び乗った。不可欠なライフラインを掴む気満々だった。

数週間の内に何度か面接があり、ついに新しい仕事を得た――司法心理学者としての訓練を終え、おまけに昇給まで果したのだ。病院管理者は私に古い机と、さらに古いコンピュータをくれた。それを使って私は帰宅後の夜に修士の勉強を終えた。このコンピュータには死ぬまで感謝する。マッキントッシュ・パフォーマ6200。これがなければ論文なんてとても書き上げられなかっただろう。おまけに彼はそれを私の家まで届けてくれた。私は可能な限り病院の近くに家を借りた。小石打ち付け仕上げの小さなバンガローで、アボカド色のバスルーム一式、草ぼうぼうの庭もついている。当時は何もものがなく、家の中はがらんとしていた。だけど、そこに住むのは仕事のためだ。心の中には装身具だの家具だのを置く空間なんてない。でも猫を一匹手に入れた。斑のある白いレスキューで、看護師の一人に貰った。日中は新しい心理学サービスの立ち上げの任に当たる。新しい上司である臨床心理学者は、この輝かしい新部署の設立に関して私より熱心であることが解った。自分も熱心なつもりではあったけど。とにもかくにも私は劇的なやり方で状況を逆転させていたのだ。シスター・アクィナスなら誇りに思ってくれただろう。

＊

トラヴィスのような新患に標準的な考査を施すのは私の仕事で、そこにはＩＱテストも含まれている。理想を言えば受験可能な全員が受けるべきもので、そうすれば隠れた学習障害を除外することができる。私が使ったのはウェクスラー成人知能検査で、一九五五年に作成されて以来、世界中で用いられている最も標準的な検査だ。必須だが極端に面倒な検査キット一式で、山のような検査表、ストップウォッチ、さまざまな小道具を必要とする。知能の定義は色々あるが、ウェクスラーの解釈では、それは「目的を持って行動し、合理的に考え、効率的に環境と接する個人の総体的能力」と定義されている。それを計るためにテーブルに就き、クライアントに知識と記憶力を測る目的で作られたさまざまな質問をする。また実技テストもあり、絵やジグソー、色つきブロックなどを使って、当人の抽象的な問題解決能力を計る。

テストの間中、トラヴィスは頭を掻き、絵を描いている時は口を窄めて呼吸を尖らせていた。回答次第で百万ポンドを手にすることができるクイズ番組の参加者みたいに。絶対最高得点を叩き出してやる、と口では言いながら、あらゆる手を使ってこれが彼にとって大変な試練であることを知らしめようとしていた。最終的な得点は五七。その辺を歩いている人の平均点が一〇〇であることからすると、彼は極端に知能が低く、著しい学習障害である可能性の旗が立っている。とは言うものの、IQのスコアが低いことはさまざまな解釈の可能性がある。

ウェクスラー検査の構成を見れば、それが徐々に苛酷になっていき、最終的にその人の回答能力が閾値にまで達するということが解る。たいていの場合、課題が困難になるに連れて正解率はだんだん低くなるか、突然下落する。だがトラヴィスの答えはばらばらで、首尾一貫していなかった。簡単な質問は間違えるのに――ちょうど次の項目に移ろうと考えた時に――とても難しい質問に正解したりするのだ。最終的な点数はそうでもないが、その点数に到達したパターンからすると、詐病を使っているのではないかと思わせるに十分だった。

*

「詐病《マリンガリング》」――肉体的、あるいはこの場合は精神的な障害があることを意図的に装うこと――は一般的には司法病院よりも災害補償の現場でよく見られる。だが詐病は私の患者の中でも掴み所のない者、特に重犯罪で起訴されている者の得意技でもある。

英国の法律では「精神異常」はあらゆる刑事責任に対する弁護となる。この弁護には二種類がある。被告人が犯行時に精神異常を来していたと主張する場合と、裁判の時点で精神異常であると主張する場合である。「精神異常」に関する法的定義と理解は何世紀もの間に変容し変異したように見えるかも知れないが、これは精神と人間の体験に関するわれわれの理解と軌を一にしている。一八世紀には精神異常と見做されるためには「野獣か幼児」のような特性を示さねばならなかった。一九世紀後半以来、法廷は「精神の病」に、そして人間が自分の行動の結果を判断する能力にそれが如何に影響を及ぼすかに関心を抱いてきた。

詐病には悪名高い、そして広く報道された実例が存在する。アメリカのシリアルキラー、たとえばテッド・バンディやケネス・ビアンキらは、殺意に満ちたオルターエゴが大衆の精神に浸透していると主張した。たぶんその所為もあって、一般大衆や陪審はこのような精神異常による弁護に冷笑的な見方を取りがちなのだろう――そしておそらく、法廷でそれが成功を勝ち取ることは滅多に無い理由でもある。UKでは、最もあからさまな詐病の実例はソハムの殺人鬼イアン・ハントリーだ。二人の少女が行方不明となり、最終的にはハントリーは殺人罪で起訴されることになるわけだが、事件後間もなくの頃、彼はマスコミの取材に明晰に答え、隣人たちと共に少女の捜索に積極的に参加していた。だが最終的に逮捕され、動かぬ証拠を突きつけられると、彼は突如として虚空を見つめ、涎を垂らし、無反応になった。警察はランプトン高度隔離病院に彼の精神状態の緊急鑑定を依頼した。そのチームを率いる顧問司法精神科医クリストファー・クラーク博士は後に法廷で証言した、「ハントリー氏は明らかに精神異常を装っていますが、この人物が現在も、また殺人事件の際にも、肉体的にも精神的にも健全であったことに疑いの余地はなく、ゆえに、もし彼が有罪なら、自らの行為を完全に認識しながらそれを遂行したのです」。

何故犯人は詐病をするのか？　その魅力のほとんどは、特にハントリーのような重大犯罪を犯した者にとっては、狂気ならば不面目な質問に答える必要はないという事実にある。法的に精神異常と認められることは、表面上は、法の厳格な適用と留置刑を回避する方法を探し求める者にとっては魅力的な選択肢を提供するのだ。

とはいうものの、それは言うほど魅力的ではない。一八八三年に議会が狂人裁判法を通して以来、悪人ではなく狂人であると見做されることは、隔離精神病施設への長期に及ぶ抑留と治療を意味することになっているからだ。何しろ瘋狂院の時代には、その「治療」なるものには殴打、冷水浴、拘束服、ロボトミーなどが含まれていたのだ。今日では一般に、現代の隔離病院はそれよりもまだマシであり、むしろ楽な選択肢だと考えられている。確かに現在では過剰な苦痛は顰蹙を買うし、刑務所病院は刑務所よりは快適な環境を提供している。寝室にはバス・トイレも備わっているし、刑務所のような暴力沙汰も少ない。だがそれでも抑留であることに変りはないし、地中海クラブみたいなエクスペリエンスとは言いがたい。

また、隔離病院への入院は実刑判決よりも短期で済むという思い込みもある。だが実際には、刑務所での刑期よりも遥かに長期に亘って収容されることも良くあるのだ。何故なら退院は精神科医および／もしくは精神衛生法廷を説得して、回復した——実に曖昧な概念——と認めさせる人物に懸っているからだ。「精神異常」と判断された被告人は色々と制限のある病院規則に従わねばならない。これは精神衛生法第三七条と四一条に定められているもので、無期限の拘留を受ける可能性もある。司法大臣の認可が得られぬ限り、それは終生に及ぶかもしれないのだ。詐病者よ、よくよく考えなさい。

＊

そんなわけでトラヴィスだ。異常なＩＱテストの結果に、掌コイン・テストのレッドフラグ、巧みなバックギャモンの腕前。それ以外に私の興味を惹いた要素は、顧問精神科医ウェッブ博士の前での振る舞いだった。彼はこの病院では半ば神のような地位を占めていて、手入れの行き届いたマレット*に、パワードレッシング**を愛好している。真の権力者は私ではないとトラヴィスが気づくのに長い時間は必要ではなかった。ウェッブ博士の周囲を彷徨くようになるや否や、彼の精神状態は奇蹟的な変容を示し、お手本のような狂人になったのだ。

それが一際顕著だったのは、われわれの週一の病棟回診《ウォードラウンド》のミーティングの場である。どの精神病院でもやっているけど、隔離ユニットの上級職員チームが集まって「病棟回診」と呼ばれる行事を行なう。これは病院の医師がやるような、物理的に病棟を見て回ることとは何も関係がない。全く動きのないグループ・ミーティングで、オフィスの大きなテーブルの周りで行なわれる。通常、座長を務めるのは顧問精神科医で、作業療法士、ソーシャル・ワーカー、下級看護師、そしてその時病棟にいた見習い心理学者、つまり私がいた。

病棟回診では、それぞれの患者が論じられる。その行動、雰囲気、他者との関係、その他、チームが分析したあらゆること。投薬や療法、監視付きの外出許可が可能かどうか、そして可能性がある場合は、退院の計画などが論じられる。これらをひっくるめたパッケージは「ケア・プログラム・アプローチ」と呼ばれる。しばしば最後に患者がミーティングに招かれ、自分の治療計画について議論し、一時帰宅、外出、投薬調整などの許可を願い出る。

誰だって、今の今まで自分のことを話し合っていた人々が大勢いる部屋に入ると考えただけで怯んでしまう。だから入ってくる彼らの心中はお察しである。私たちのほとんどは、自分は自分の人生と気質に関しては専門家だと思い込んでいる。だがこの場合患者は、自分の精神の内なる働きを論じ合い、何が正しいことなのかを決定する専門家チームの意見を尊重しなければならない。患者はしばしば、このミーティングで自分の抱えている問題を隠蔽するのに大変な苦労をする。多くの者にとって、これはウェッブ博士に会う唯一の機会だ。彼はこの場で最高の権力者であり、唯一の

＊前髪など全体的にはショートヘアだが、襟足部分の髪だけを長く伸ばした髪型
＊＊管理職や政治家の有能さと地位を強調した服装。地味、上品、高級、高価が特徴

熟練医師であり、彼らの投薬を処方している人物であることはみんな知っている。

これまで勤めてきた全てのチームがそうだったが、この病院の職員もまた多彩な集団で、特異な個性には事欠かない人々の集まりだった。受動攻撃性*のソーシャル・ワーカーはfuck offと書かれた靴下を穿いていて、ミーティングの際にはこっそりズボンを足首まで上げたりする。特にウザい相手に対して、靴下の罵倒語を密かにチラ見せしているというわけだ。作業療法士は気むずかしい潔癖症で、ミーティングの前に必ず抗菌ジェルを回し、ドアノブや電灯のスイッチに触れる前には綺麗に拭き取る。

プライベートでは、と言うか実際あまりにもプライベート過ぎて私の頭の中だけの話なんだけど、私は自分の上司をレントン博士と呼んでいた（御意見《レンタン・オピニオン》をお借りするって感じで）。彼は片手間に法医学・心理学の活動をやっていて、特定の弁護士たちの間で人気が急上昇しているのを威張っていた。クライアントの多く、あるいは全員が抱えるシビアなメンタルヘルス上の問題を診断するのに、彼に頼りっきりだったのだ。彼は自分の権力の強化の機会をみすみす見逃すようなことは絶対にしない男で、一度など、病院に病欠するという電話を入れおいて、その朝のＴＶの番組に出て、地元の犯罪について論じ、一躍メディアの寵児になったりしていた。ちょうどその朝、彼の患者の一人が病棟回診に入って来て、ＴＶにレントン博士が出てました、と言った。ウェッブ博士は何もかも解っていますという溜息を吐いて、何か書いた。それから、眼鏡越しにその患者を見て言った、「あなたはこれまでに、ＴＶがあなたに語りかけていると感じたことはありますか？　あるいはあなたに関する話をしていると？　あなたの頭の中の考えを放送しているとか？」。この憤慨した患者が幻覚を見たわけではないということをウェッブ博士に納得させるには、作業療法士と私がひとつや二つ証言した程度では全然足りなかった。

レントン博士とウェッブ博士の間には常に一定の見栄の張り合いがあって、二人は常に地位と権威を巡る諍いをしていた。だがレントンがウェッブに勝ったことは一度もない。精神科医としてのウェッブは常に序列の上にいた。彼はアストン・マーティンV8ヴァンテージ・ルマンに乗っていて——間違いなく、何かを補償するためのスポーツカー——時には患者をそれに乗せ、面会人と共に写真を撮らせたりしていた。

この医療チームは単に私の同僚というだけではなく、任意のひとつの人間集団の中に見出すことのできる奇人変人の逸品コレクションでもある。しかも彼らは至って正気であり、正常であるとされている人々なのだ。いったい正常って何。人権啓発家のポーラ・キャプランが言うように、「正常さとはテーブルのように『リアル』なものではない……それは心理学者のいう『複合心象』である。これは正常さというラベルに必ずしも対応している明瞭かつリアルなものは存在しないことを意味している[2]」。

とある病棟回診の朝、いつものようにトラヴィスが入って来た。いつものようにこざっぱりしてフレッシュな出立で、決められた患者席に座る。残りのわれわれは——真面目腐った顔つきでテーブルを取り巻いている、ジェダイ評議会のメンバーみたいに——ウェッブ博士が書類から目を上げ

*優柔不断、頑固、拗ねるなどの受動的方法で表現される攻撃的行動が特徴の人格障害

てミーティングを開始するまで、手許の書類をシャッフルしながら待っている。

ついに彼は口を開き、トラヴィスにようこそと言って、テーブルの周りの人を全員知っていますかと訊ねた（彼は知っていた、何しろ過去六週間に亘って毎日全員と顔を合せていたのだ）。トラヴィスは部屋を見渡して言った、「知りません」。そこでわれわれは形式上、一人ずつ丁寧に自己紹介した。トラヴィスは頷き、時折椅子の上でぴくぴくしたり飛び跳ねたりしている──彼を相手にした一対一のセッションでは終ぞ見せたことのない動きだ。

ウェッブ博士はトラヴィスに、今週の気分は、と訊き始めたが、そのセンテンスが終る前にトラヴィスは椅子を後に押し下げて両手で顔を覆った。意気消沈の図だ。それから頭をぶんぶんと烈しく振り回し始めた。暫くすると左の方をちらりと見て、椅子から飛び上がった。静まりかえった部屋の中で何かに驚かされたかのように。

「何かの声が聞えるのですか、それとも何か変なことが？」とウェッブ博士は訊ねた。トラヴィスは同じ質問を自分に向かって繰り返した。目を見開いている。まるで何かの宗教体験のように。「何かの声が聞える？」。それからほんの少し低くなった声で彼は言った、「はい、声です……ほんとに酷い声です」。

ウェッブ博士はモンブランを手に取った──間違いなく何か重要なことが起る前兆だ──トラヴィスは椅子の上で真っ直ぐ座り直した（部屋の中の全員がそうした）、プリンのお代りを望む子供みたいに。

さて、ペンを小さな杖のように振り回しながら、ウェッブ博士はトラヴィスに、弁護士から君が裁判に耐えられるだけの証言能力を持つか否かについての情報を求められているんだが、と言った。

それから彼は、使い古した単調なスピーチを開始した。以後、同じことを数回ほど聞くことになるやつだ。「証言能力の有無は一九九一年の刑事訴訟法（精神異常と証言無能力）に規定されている。すなわちわれわれは君が君に対する告訴を理解できるか否かを査定せねばならないのだ」。ウェッブ博士は最後の四語*の部分で声を高め、ゆっくりと発音した。たぶんトラヴィスが聾で耳が聞えないことを想定してのことだ。

トラヴィスは真っ直ぐ、私の肩越しに見つめている。とろくさい表情を顔面に貼付けて。演劇学校なら完璧だ。かつて「キチガイ」とされていたものの見本のような表現には心の中で脱帽せざるを得ない。だが同時に私は気づいていた、彼の耳の毛細血管がピンクに染まっているのだ。これは血圧の上昇を示している――そして、気づかれていないだろうと期待している以上に、彼が会話の言い回しを理解していることを示している。

ウェッブ博士は続けた。「そしてわれわれは君が有罪もしくは無罪答弁の効果を理解しているか否か、そして君の弁護士に依頼し、証言を聞いて理解し、陪審に異議申し立てをすることが可能かどうかを査定せねばならない」。トラヴィスは依然として私の方を見ている。それぞれのポイント毎に素速く瞬きし、とても微かに頷きながら。ウェッブ博士は再び声を高めて言った、「ゆえにトラヴィス、間もなく法廷に出廷する義務について理解している内容を教えてくれるかね？」。

ウェッブ博士はボールを投げ返した。そこでわれわれはゆっくりと頭を巡らせた。トラヴィスの

*前文の傍点部分

番。トラヴィスは数秒間、ウェッブ博士を見つめ、前のテーブルの紙を取り上げ、その隅っこを口の中に入れて、ゆっくりと噛み始めた。

病棟回診の後、共有オフィスに戻る途中に、私は時折、中庭の向こう側を眺めたものだった。今ほど健康健康と煩くなかった当時の喫煙エリアだ。しばしば、たった今話をしたばかりの患者がそこへ行って、一番向こうの端のベンチに座り、煙草を喫っているのを見ることがあった。自分たちだけになって誰にも見張られていないと判断すれば、彼らは急に活き活きし始める。頷き、ジェスチャーし、本来の声で話し出す。時にはその表情が緩んでいるのが確認できる。病棟回診の際には必死で正気を装っていたが、今や漸く解放されたのだ。

トラヴィスが紙を食い、介助の手でミーティングから連れ出された後、私は彼の心理テストのスコアの矛盾に関する懸念と、詐病の可能性に言及した。トラヴィスはかなり幅広い症状を訴えている――同僚たちはそれを疑わしいと思わなかったのか？　だが私のコメントは他の面々からはほとんど認められず、議論もされなかった。実際、私の発言は無かったかのようだった。そしてたぶん、私は有能な心理学者としての自分の外向けのイメージを守るのに必死になっていたから、異議申し立てをすることもなかったのだ。今の私なら、自分が有能な心理学者であることはよく知っているから、当然していたのに。当時の私は、経験豊富な同僚たちが見ている、何か明らかなことをたぶん見落としているのだと決めつけた。

＊

もしも私が正直なら、トラヴィスとそのあからさまな矛盾について徹底究明することで、私がこの新しい役割において有能であることを証明していただろう。昼間は長時間病院で過し、夜には修士の勉強。私は人生のほとんどを仕事に費やしていた。差出がましくて高慢な女に見えただろう。実際、私は自分の不安を何とかしたくて無意識の内に過剰になっていたのだ。

シェフィールド駅で倒れた後も私は重度の眩暈や吐き気に襲われ続け、メニエール病と診断された――内耳の変性疾患で、最終的には右耳が聞えなくなり、バランス感覚が恒久的に狂ってしまった。私は発作の前兆に気づきつつあった（キーンとかサーとかブーンとかいう耳鳴り、耳の痛み、聴覚の歪み、バランスの崩れ、頭の中で風船が割れるような感覚）。だが突然眩暈を発症してこの新しい仕事まで失ってしまう可能性は、文字通り必死にプロの心理学者としてのポーズを取っていた時だけに、それ自体が腹立たしい恐怖だった。この不安がどこで終り、メニエール病が始まったのか解らない。

職場で発作が起きそうになると、よろよろと病棟を出てオフィスに戻った。大汗を掻いたり、パニック発作に襲われて呼吸を荒げているところを誰にも見られないように。できるだけ頭を動かさないようにしながら、ゆっくりと歩いた。転ばないように。そのこともまた、既に私が放出している気取った雰囲気に拍車を掛けていただろう。だけど私は見破られたくなかった。逆に私は自分自身の虚飾を維持することに全精力を費やし、何もかも上手く行っているふりをしていた。もしも当時の私が私の患者だったら、この人は何かを隠している、と診断していただろう。

トラヴィスが何かの病気であると診断しないという選択肢はないということが明らかとなった。健常者のくせにあからさまに訳の解らない譫言を言うような者は、心理学者に入手可能な診断マニュアルのどこにもでてこない。実際にはそのマニュアルの疾患リストは膨れ上がっていく一方なのに（現時点でのDSMだけで三〇〇以上もあり、それぞれが世界で最も有力な精神科医の委員会の投票によって採用されたものだ。委員の大部分は製薬産業と利害関係を持っている）。チームの私以外のメンバーは、トラヴィスが「ヘッドフォンとサングラス」を着用しているところが目撃されたと報告した。あたかもそれが幻覚に苛まれている人間の傾向であって、夏場に音楽を聴きたい人なら誰でもすることではないかのように。別の同僚は、トラヴィスが「気分の日内変動」を示すと報告した。つまり彼が専ら日中は起きていて、早く就寝し、夜に職員が一時間ごとにチェックする際にはあまり話をしないということだ。私には全然異常なことには思えない——私だって、夜中に起しに来る人となんて話したくないし——だが私にも解りかけていたが、精神病棟というコンテクストでは、どれほど陳腐な行動でも、錯乱と見なせてしまうのだ。通常の体験と「病状」を分かつ線を引くことはほとんど不可能にもなり得るのである。

これはひとつの問題を提起する。精神科の診断はどの程度信頼できるのか？　これはアメリカの心理学者デイヴィッド・ローゼンハンが一九七三年に行なった古典的な実験(3)の主題だった。ローゼンハンは八人の健常者を精神病院に送り込み、幻聴があると訴えるよう命じた——「精神分裂病」の古典的な診断基準だ。八人全員が医師によって入院を認められた。そして全員、それ以上の異常行動を示さず、何なら幻聴についても二度と口にしなかったにもかかわらず、彼らの大半が精神病の診断を受け、投薬を処方された。よく知られていることだが、職員の一人はとある偽患者の徴候を「文字を書く行動」と記した。ペンを紙に押し当てる行為が疑わしいものとなり、意味を与えられたのだ。サクラにとっては幸運なことに、およそ三週間ほど後にほとんどの者は寛解したとされ、退院を許された。

ローゼンハンの実験は全世界に広く報告された。オリジナルな研究は今ではちょっと古びてしまったけれど、今でも十分有用だ。診断が恣意的な性質を持つことだけではなく、われわれが自分の予断というフィルターを通じて行動を記述し解釈するという事実を思い起こさせてくれる。もしもあなたが狂人だと判断されれば、あなたの行動は何から何まで狂気と解釈されてしまうのだ（同様に、あなたが悪人と思われれば、あなたのあらゆる行動は悪事となる）。

＊

ウェッブ博士はトラヴィスを「分裂情動性障害」と診断した。精神病の病状、たとえば幻覚や妄想と、極端な気分の上下動とを組み合わせたハイブリッドな診断名だ。彼は抗精神病薬を処方されたが、投薬はされなかった――というのも、診断名が決定するや否や、彼は逃亡したのだ。

どんな隔離施設でも、窓は部分的にしか開かないようになっている。身投げや逃亡を防ぐためだ。だがとある夏の朝、トラヴィスの部屋に入った職員は、トラヴィスが窓枠全体を外すという単純な方法でこの問題を回避したことに気づいた。電動ドライバーを使ったのだ。その後の調査で、トラヴィスは夏の間、病院の夜勤の看護師と関係を持っていたことが判明した。彼女は彼のために電動ドライバーや携帯電話を持ち込み、互いに連絡を取りながら逃亡計画を練っていたのだった。これが彼の「気分の日内行動」と、疑わしい早寝の理由だった。毎晩毎晩（婉曲表現ではない）恋人にメールし、部屋の中で電動工具の作業をしていたのだ。

トラヴィスは三日後に発見された。道を僅か数マイルほど行った所にある看護師の家に潜伏していたのだ――私にはずいぶんと意気地の無い逃亡計画のように思えたが、まあ人それぞれだ。彼は病院に戻ることはなかった。行方をくらましている短い間に、彼に対する起訴は取り下げられたからだ。これは異常なことではない。刑事訴訟なんていつでも潰れている。彼に対する告訴がなくなり――今や、精神は完璧に明晰であることまで示されて――彼は自由の身となった。運命の女神は勇者に味方する。

トラヴィスが戻ってくることはなかった。そして途方もない職員の醜聞が発覚した翌日か翌々日、彼は忘れられた。だけど私はいつだって忘れない。彼は、私のクライアントを単なる受刑者や患者以上のものとして見ること、正気とはスペクトラムであり、私たちの間の区別は単に程度の問題でしかないということを教えてくれたのだ。病棟回診の間、われわれ全員が手を握り締めて彼に与える診断名を真剣に考えている時、われわれは誰もが、そうであって欲しいと願う人間の姿を投影していただけだ。たぶんこの時、トラヴィスこそがあの部屋で一番正気の人間だった。

この出来事のもうひとつの教訓は、フリをするのは少なくとも短期間は有効な戦略となり得るが、最終的には正直こそが最高の政策だということだ。トラヴィスの真実を見出し、彼に対する当初の疑念が正しかったことを知って、私は自分自身の判断力を信じても良いのだと感じ始めた。装うことではなく、それこそが私がなりたい心理学者への本当の第一歩だったのだ。

第５章

呪術医と洗脳屋

興味深いことに、金槌しか道具を持っていない人は、何もかもを釘であるかのように取り扱う。
――エイブラハム・マズロー『完全なる人間』

「分裂病だと！　認められるか、分裂病なんかじゃない！」。

マーカスの深い嗄れ声が彼のドアの背後から轟いた。悪魔祓いを執行している司祭さながらの大音声。抗議を叫んでいる相手の看護師は爪先立ちでしゃがみ込み、少しぐらぐらしながら、反対側から声を掛けている。

私はこの隔離病院にいる三人の心理学者と四人の助手の一人だった。精神変容のための場所ではあるが、マインドフルネスなど全然吹聴してはいない。一九六〇年代に建てられたコンクリートのモノリスで、片田舎の辺境、野の果てにひっそりと隠されている。その美しい草臥れぶりは、職員トイレの遙か昔に壊れたハンドタオルの機械と同様だ。

隔離病院の寝室のベッドやその他の家具は固く床に固定されている。単に風水をやりにくくするというだけでなく、病室内に誰かが立て籠もるのを防ぐという意味もある。だがマーカスは自分自身の身体をバリケードにして、その長身痩躯をドアの背後に差し込んでいた。大騒ぎの現場に向かう廊下で私がギアをハーフランに上げた時、彼はドアを開かせないために全身の腱を吊っぱらかしていたに違いない。その努力も無意味だったけれど――何しろ隔離病院では、ドアは前後どちら向きにでも開くように作られているのだ。

支離滅裂なスピーチが廊下に谺している。それから彼は明晰に叫んだ、「俺は兄貴を殺した！殺したんだ！」。

これは妄想ではない。確かに彼はやった。マーカスは兄のレイモンドの背中を二度に亘って刺して右肺をずたずたにし、致命的な緊張性気胸を引き起こしたのだ。白昼堂々、公園入口の門の外での出来事で、四歳になるマーカスの娘は補助椅子にベルトで固定されたまま、レイモンドのクルマの後部座席からそれを見ていた。

騒ぎに近づくにつれて速度を落とす。邪魔にならないように。看護師にはこの種の状況に対処する高度な技術と経験があるし、通常は横槍を入れられるのを好まない。だけどもう夜遅くて――いつもの九時五時の後も、レポートを仕上げるために残っていたのだ――この時間の職員の数は日中よりも少ない。だから念のために傍に待機していた。

看護師はミニ・マフィン・カップに似ていなくもない小さな紙コップを手にしている。中に薬が入っているのだ。その後にいる男性の准看護師は、トラブルを予期していたに違いなく、古典的な緊張緩和のポーズで立っている。片腕を何となく身体の前に持って来て、もう片方の手を顎の下に置いている。『考える人』みたいに。その心は、入念に注視している様子を見せながら、いざという時には直ぐさま行動に移れるような位置に手を置いておくということだ――顔面と胴体を防御しつつ攻撃を受け流すにせよ、誰かの腕や頭をホールドして拘束するにせよ。

メンタルヘルスの職員は暴力と攻撃に対して物理的に対処する訓練を受けている。まあ昨今では、患者に手を挙げるのは本当に最後の手段だと考えられていて、何かと言えば緊張緩和――暴力と対立を避けて事態を収拾すること――という言葉が多用されてはいるけれども。このようなテクニックの記述に用いられる言葉の言い換えを聞けば、オーウェルも草場の陰で誇らしく思うだろう――かつて「コントロールと拘束」と呼ばれていたものは、今では「ケアと責任」と言われている。

どう呼んでも良いのだが、それでなくても激務で薄給の病院職員に対して、合理的というか予測可能な動きをするかどうか解らない人と取っ組み合いをしてくれと頼むのは、たいていの場合は無理難題である。組み伏せられる人にとってはこれ以上の屈辱はない。何しろもう既に甚だしい心的動揺を来しているのに、最大四人もの病院職員に拘束されるのだ。誰にとっても恐ろしく、閉所恐怖症を誘発される体験だ。

（有り難いことに、私自身はこのC&R訓練の成果を披露する羽目になったことが一度しかない。その患者の腕をホールドした次の瞬間には、彼は床に倒れ込んでいた。両肘と両手首を丸め込んでいる。明らかにこの動作の熟練者だ。一〇年以上も病院にいて、後から聞いたところでは、他の人間が彼に触れるのは拘束する時だけなんだそうだ）。

ドアの後にしゃがんでいる看護師に見覚えはない。夜勤なので、今まで顔を合せたことがなかったのだ。侮りがたい、おふざけを許さない寄宿学校の校長みたいだった。断固とした、苛々するほど横柄な口調。

「あの時は酷かったわ」と彼女は、薬を飲ませようとして言った。

彼の返事は単語とフレーズのごたまぜだった。「その時のことは言うな、暴力の、洗脳屋め……子供らが泣いてる、ぐるっと光って、俺の頭の周り」。

こういうのを「言葉のサラダ」と言う。この用語は最近ではドナルド・トランプの、これよりもさらに支離滅裂な公式声明を指すのに用いられているが、実際には精神医学に由来していて、重度の精神病に共通して見られる特徴を記述する用語だ。言葉のサラダは予言の文言にちょっと似ている、というのもそれは一見ランダムで無関係の語彙を、心の中から直接召喚して、順序もぐちゃぐちゃなままに直接口から出すというものだからだ。聞いている方には愚にも付かないたわごとに聞えたりするが、その言葉を一種の自由律の詩や判じ物と考えると、そこに意味があることが解る。その暗号を解く時間と忍耐があればだが。

マーカスの言っていることは私にも、また病棟の誰にも意味不明だったが、彼が何か大事なことを言いたいのは明らかだ。そしてその夜、彼が何とかして伝えようとしていたのは、彼の強烈な、はらわたを捻るような哀しみだった。彼は明晰となり、しゃがれて掠れた声で吠えた。「俺は病気じゃない。**お前ら**こそ頭の病気だ！」。彼の苦悩は今や、はっきり判るほどエスカレートしていた。「俺は兄貴を殺した！　お前らの所為で！」。

看護師は答えた、「いいえ、マーカス。それはあなたが病気だからで、だからこの薬を飲んで欲しいの。気分が良くなるから」。

「俺の部屋から出て行け。お前の分裂病なんぞにつきあえるか」。この実りのない応酬が続くほどに、彼の声は大きく強くなった。両者は同じ言語を話しているのに、互いに別の星から来たかのようだ。マーカスが怒っているのは自分の言うことを聞いて貰えないと感じているからで、一方の悪意は無いが頑迷固陋な看護師はそのことにまるで気づいていないようだ。

准看護師と私は互いに目配せした。相互理解の微弱なヴォルテージがわれわれの間で交され、私は介入の意思を彼に報せた。看護師に手を振り、掌を空中で下に向ける。少し落ち着けという合図だ。だが彼女は私を知らないし、ちらりとこちらを一瞥しただけだ。そしてお構いなしに続けている。

状況はエスカレートし、そろそろ潮時だと思った。一歩踏み出す。「マーカス、私、ケリーよ」。彼は怒鳴り返した、「この呪術医め！　呪術医どもと、洗脳屋どもが」。

看護師は私を見て、口を開いた。この会話を終わらせようとするかのように。だが邪魔される前に、私は運試しをした。

「マーカス、あなたが心から絶望しているのが解るわ。何がどうなっているのか話してちょうだい」。

何もかも静まり返った。

「俺は兄貴を殺した」とマーカス。

「そう、そうよね。あなたはお兄さんを殺した」。

看護師は立ち上がり、一歩下がった。唇が固く窄められ、ほとんど消滅しているように見える。私は可能な限り如才なく、きっと看護師さんは時間をくれるわ、一五分したら戻って来るでしょう、と提案した。

それから私は暫くマーカスと共に座り、話を聞くことにした。ドアが少し開く。彼の反対側に座り、ほとんど何も言わなかったが、ともかく彼の言い分を理解しようと努めた。時にはただ相手と共に座って、彼らの感情を認めることが必要になる。相手の苦痛や悲嘆を恐れることなく。マーカスは恐ろしい、取り返しの付かないことをやらかしてしまったのだ。この種のことは、知った風な口で説明したり、クスリで何とかしてしまえるようなことではないのだ。

ひとしきりマーカスが苦悩を吐露し終えた頃合いで、看護師が戻ってきた。黙りこくったまま彼に幾つかの錠剤と水を渡して立ち去る。私はその夜、病院を出る時まで彼女の姿を見ることはなかったし、さよならを言っても返事もしなかった。

＊

兄を殺した日、マーカスはレイモンドが悪魔に取り憑かれていると思い込んでいた。マーカスは何週間も前からレイモンドに殴られる生々しいヴィジョンに取り憑かれていた。この束の間の、だが鮮明なヴィジョンはマーカスを苦しめ、そして彼の心の中では、それは彼を罰するために意図的に彼の頭の中に置かれたものなのだった。頭の中の邪悪な声が言う、レイモンドは乗っ取ったぞ、あいつを苦しめているのは全部マーカス、お前の所為だ。頭の中の戦闘の音と混乱の最中に、ただひとつの澄明な考えが浮かんだ――兄を殺さねば。

逮捕後、マーカスは「精神分裂病」と診断された。精神分裂病は、われわれの診断の多くがそうであるように、多岐に亘る種々雑多な変容状態を包含できる言葉だ。ここには、幻覚（幻を見たり聞いたり、感じたり、臭ったりすること）、妄想（偏執的もしくは異常なことを信じること）、思考の混乱から、集中力の欠如や感情、衝動の喪失まで、あらゆることが含まれる。

この仕事の中でも最も幅広く、多様な症例に貼り付けられる病名で、長年の間にどんどん拡大し変化している。不幸なことに、「精神分裂病」は今では不適切な、しばしば侮蔑的な用語とされるようになり、その陰鬱で重大な烙印の下にはもはやニュアンスや個性の余地はほとんど残されていない。誰もがその状態を理解していると考えており、大衆文化の一般的修辞、安易な殺し文句でもある。分裂症なら一人じゃない、と古いジョークにいう。ビリー・コノリー曰く、「薔薇は赤い、菫は青い、俺は分裂症、おっと俺もだ」*。

一般人による精神分裂病のイメージはノーマン・ベイツであり、ジキルとハイドであり、気違い帽子屋。誰かを「分裂《スキゾ》」と呼ぶのは今では、すぐに癇癪を起す奴だとか、怒ると別人になる奴という意味。だがそれは精神分裂病ではない。単に怒っているだけだ。

それはまた危険な、暴力的な、あるいは犯罪的な行動と関連づけられるようになっている。ホラー映画はどう見ても精神病の、斧を振り回す狂人で溢れ返っている。ハリウッドにおける精神分裂病の表現を調べた二〇一二年の研究(1)では、一九九〇年から二〇一〇年に公開された、この病気の患者が出て来る四〇本の映画が俎上に上げられた。その八〇%以上で暴力的な行動が見られ、三分の一近くが殺人を犯していた。

そしてそれはフィクションの世界だけではない——暴力犯罪はニュースの分裂症関係の報道で最も頻繁かつ普遍的なテーマになっている。

だが、世界の人口の一%が精神分裂病という診断を与えられているという事実を考慮すれば、ステレオタイプは崩れ落ちる。つまり全世界に五一〇〇万人の分裂症の人がいるというわけ。もしもこの全員が暴力で他者を襲い、殺すなら、街の通りは死体で溢れ返っていただろう。

　実際UKでは年間五〇から七〇件ほど[2]、マーカスのように殺人行為の際に重度のメンタルヘルス上の問題を抱えていた人物による事件が起っている。無論、それでもまだ多すぎるし、このような悲劇を食い止めることにみんなが関心を払うべきではある。だがUKで分裂病の診断を下された二二万人以上の人のほとんどは、ごく普通の、平穏な生活を送っている。彼らは街や会社や地元のパブにいる普通の人々であり、誰にとっても脅威でも危険でもない。だけどそういう人たちの記事を書いても新聞は売れないので、あなたも私も目にするのは専らホラーな記事のみということになる。

　ならば、分裂病の診断を受けた人の中で、他人に危害を及ぼす者とそうでない者がいるのは何故か？　研究によれば[3]、その答えは人間存在を形作っている他の多くの要素にある。暴力行動のリスクはたいていの場合、精神病とは必ずしも直接関係のない、他の環境や状況や問題と繋がっているのだ。その中には薬物の濫用も含まれるが、特に重要なのは個人的および／もしくは専門的サポートの根本的欠如や、過去の暴力歴（被害者であれ加害者であれ）。確かに分裂病と診断された人が暴力を揮う割合はそうでない人よりも僅かに高い。だがメディアの見出しとは正反対に、それはあまりにも些細な違いであって、正確な予測は不可能なレベルなのだ。

＊二人に分裂しているというギャグ

ちょうど千年紀の変わり目を過ぎたばかりの頃で、隔離病院のベッドの需要も確実に増加していた。当時のNHSイングランドのバランスシートを見れば、いろいろ判ることがある。早期介入、コミュニティおよびメンタルヘルス・クライシス事業は、隔離施設に匹敵する資金も投資も受けていない。実際、中度および高度隔離メンタルヘルス施設への支出は、当時の成人向けメンタルヘルス・ケアに費やされる公共支出の五分の一ほどに上っている。カネは予防よりも拘禁に費やされているのだ。つまり縄をなっている遙か以前に泥棒は来ていたというわけ。

＊

そしてその昔、私が村唯一の司法心理学者だった頃、益々多くの司法心理学者が隔離病院に移っていた。その多くは刑務所出身で、刑務所式の哲学とモデルを持ち込んでいた。

その治療プログラムの流儀というのは（今でもだけど）ステップ・バイ・ステップのマニュアルにぎっちぎちに詰め込まれていて、グループ分けされた患者に与えられる。性犯罪者治療グループ、放火犯グループ、憤怒制御グループ、等々。それぞれは一連の教育的かつCBT*ベースのセッションを組み合わせたもので、正しい市民として必要な新しい姿勢、価値観、信念、行動パターンを参加者に教え込むものだ。これらのプログラムは心理学者が管理してはいるが、教条的な手順に則っているので、しばしば他の職員がやることもある。というか実際には数日の訓練とマニュアルさえあれば誰にでもできるのだ。言うならば産業化された心理学的訓練――プログラム・シートと答案と質問票が目の前にあり、テンプレを使ってレポートを書き、エンゲージメントを評価し、厳正な手続遵守を示すために□にチェックを入れる。その規定は関係者全員が遵守せねばならない――患者は拘禁服を着せられることはないが、その内に、何だか心理的に着せられているような気がしてくる。

私はあらゆる問題（恐怖症や気分変動など）の治療法として認知行動療法とその派生を唱道している。けれど長期に亘る再犯の防止という点におけるそれらの効果[4]についてはまだまだ議論の対象となっている――刑務所や隔離病院などの人工的な環境の下で態度や信念が変りましたとどれほど熱心に主張したところで、彼らが現実世界に出て長い年月が経過した時点でそれが望ましい効果を発揮しているか否かは明らかではないのだから。このようなフリーサイズ的なグループ・セッションの有用性は私見ではせいぜい五分五分という所で、彼らは単に多くの患者に対してステップフォードの心理学者が聞きたいと望むことを答える術を教え込んでいるだけではないのかと感じざるを得ない。

だがマーカスはそうではない。彼が頻繁に繰り返す「俺は分裂症なんかじゃない」は、病棟回診の度に直面する困難のサウンドトラックになりつつある。回診のクライマックスは、マーカスがわれわれ――上級職員――を指さして「呪術医に洗脳屋」と呼ぶことだ。

大量の抗精神病薬を処方され、いつも不承不承ながら飲んでいるにもかかわらず、彼は依然として幻聴に悩まされている。一人で寝室にいるのに、しばしば激烈な怒りに満ちた論争が聞えるとい

＊認知療法、論理療法、行動療法の知見を集合した心理療法

う。彼のリスク評価は身の毛の弥立つような悲観的な結果を示している。曰く、「偏執病、治療への抵抗、病識の欠如」。

マーカスにはもう一つの潜行性の問題もある。それは今行なっている高い暴力リスクの査定にも無意識の内に侵入しているかもしれない。マーカスは単に煩くて反抗的であるだけではない。彼は黒人なのだ。

二〇〇二年、マーカスがこの病院へ来る少し前、ベネット調査団[5]が任命された。デイヴィッド・ベネットというアフリカ系カリブ人の男性が中度隔離ユニットに職員によって監禁された後に死んだ事件を受けてのことである。報告書によれば、黒人男性は一般に精神病院の職員から「より攻撃的で、より警戒が必要で、より危険で、より治療困難」であると見做され、同様の診断を受けた白人よりも大量の薬物を投与される傾向があるという。そして黒人および民族的マイノリティは精神病院に収容される率が六倍も高く、入院期間も長く、心理療法や「トーキング・セラピー」よりも薬物や電気ショック療法を処方される傾向にある、と結論された。

簡単に言えば、UKのメンタルヘルス・サービスは人種差別に塗れていたということだ。[6] 私は刑務所で歴然たる傍若無人な人種差別をさんざん見てきたが、同じことは精神病院でも隠然と行なわれているのだ。われわれに対するマーカスの不信は、たぶん一見したほど不合理なものではないのだろう。

彼はバーミンガムで、ジャマイカ系イギリス人家庭の二世として育った。父は一九六〇年代にウィンドラッシュ世代*の一人としてこの国に来た。黒人に対する差別は依然として凄まじく、むしろ社会的に容認までされていた。父はタクシー運転手の職を得たが、客を送り迎えするパブへの入店は許可されなかった。「ノー・カラーズ」とか「ノー・ウェスト・インディアンズ」などという看板はどこにでもあった。僅か数年前、保守党下院議員ピーター・グリフィススが近くのスメジックで「ニ〇ーの隣人を望むなら、労働党に投票せよ」というスローガンで地方選挙に勝ったばかりだ。実際この地域の人種差別はあまりにも凄まじく、合衆国の政治運動家マルコムXが一九六五年にスメジックを訪れたほどだ。それから僅か九日後に彼はニューヨークで射殺された。

マーカスは、それでもなお父がある日パブへ行こうと決意した話をしてくれた。しばらくの間、家庭内の語り種となった話だが、彼はパブから「ノー・ブラックス、ノー・アイリッシュ、ノー・ドッグス」と書かれた看板を持ち帰って、家のキッチンのど真ん中に飾っていたという。

この悲哀に満ちた場面はマーカスにもたらされた家庭生活そのものだった。大好きな父は彼が六歳の時に死に、その後一〇年間、寝室が一つしかないフラットに母親と兄と、時々祖母と共に暮らした。

マーカスによれば、彼はやせっぽちの臆病な子供で、大きくて魅力的な兄の陰に隠れていた。祖母は恐ろしい女で、熱心で過激なペンテコステ派。呪術だの悪霊の憑依だのを信じていた。とある冬、フラットのキッチンに雨漏りがするようになると、祖母はそれがマーカスに取り憑いた悪魔の所為だと断言した。彼女は彼をキッチンテーブルの上に押え付けるようレイモンドに命じ、彼の中

＊第二次世界大戦後に西インド諸島から英国へ移民してきた世代

の「邪悪なもの」を追い出すために自ら革ベルトでその背中を打った。マーカスによれば、見かねた母親が最後に止めに入ったが、母親が祖母に反抗したのはこれを含めて数えるほどしかないという。

このような文化的コンテクストを念頭に置けば、マーカスの言う「呪術医」は突如として、明瞭な意味を持つ言葉となる。そしてわれわれは間違いなく呪術医ではないが（ここには鶏の血なんてないし。けれど、あまり効果の無い薬と療法マニュアルという魔術式を強要している点からすれば、それがどこから出て来たかは解る）、彼が医師に対して抱いている評価もさして変らぬものだろう。

＊

私はマーカスと共に部屋の中にいた。近づいて来る時間をやり過ごす準備をしている間、空気は退屈さに満ち満ちていた。いわゆる〈メンタルヘルス・アウェアネス・グループ〉だ。

われわれ以外に一人の補助心理士と、他に患者が六人。そのほとんどは新規入院が認められたばかりの者だが、必ずしもこれに慣れていないというわけでもない。陰鬱なムードはまさにこの部屋にぴったり。見窄らしい地下室で、高い位置に窓がある。深いポケットに開いた穴みたいに。

チームの結束を図る修養会の中間管理者の霊をチャネリングしながら、補助心理士はフリップチャートのカバーを捲り、精神病のさまざまな病状を述べるよう全員に促す。このエクササイズの根拠となる考えは、患者が自分の異常な体験を機知の症状と結びつけるのを助けるということだ。これによってグループのメンバーが自分の抱えているのは医学上の問題なのだと気づく「頭に電球の灯る瞬間」を促す。こうして自分の病名を受け入れ、推奨される治療コースに従うようになるというわけだ。ほーら！　これが精神医学が重視する「病識」ですよ。

われわれも幾つか些細な事例を出したが（「眠れない」「食べ物が汚染されていると言い張る」「悲しい」「イエス・キリストではないにも関わらず、キリストを自称する」）、心理士の芸術的なフリップチャートとマーカーペン捌きの妙技にもかかわらず、グループのほとんどの者は石のような無表情で座ったままだ。彼らがそこにいるのは、単にビスケットをもらうためと、ランチまでの時間潰しに過ぎない。

一人マーカスだけが熱中しているが、われわれの期待した形では全然ない。気乗りしないグループから答えを引き出す度に彼は大きな音でちぇっと舌打ちし、歯を舐り回し、声を潜めてぶつぶつ言ったりしている。落ち着きなくそわそわし、腕を組んでは解き、椅子に座ったままくねくねしたり。だがそれでもなお、彼はちゃんと注意を払っていた。

数度に亘って私は彼がこう呟くのを聞いた。「こいつらは、俺等が頭の病気だと言ってる……」。

このように特に気を散らせるメンバーがいる場合、何か仕事を与えると良い。それに夢中になって、他のメンバーへの被害が最小限で済む。

私はマーカスに前へ出て、他の者が読み上げている――読み上げていないが――単語をフリップチャートに書くように言った。

彼は飛び上がり、大股で前へ出て、フェルトマーカーを補助の手から引ったくり、巨大な字で書き殴った。

ＰＡＩＮ

「この糞の全ては苦痛《ペイン》だ……苦痛だけが全てだ」と言いながら、フリップチャートの上でマーカーを振った。たった今、複雑な方程式の答えを明かした大学講師みたいに。それからグループのメンバーに向かって言った、「この洗脳屋どもに、おまえらが病気だなんて言わせるな」。

部屋は静まりかえっていて、みんな考えている、彼は今何か脳天にガツンと来るようなことを言ったのか、それとも完全なタワゴトをくっちゃべっているだけか？

これは教科書的なメンタルヘルス・アウェアネス・グループの解答ではない（そして言うまでもなく、補助心理士も私も分厚い教科書に基づいて仕事をしている。参加者全員に配る図解入りのプリントもある）、だがマーカスの反応の真実を否定することは極めて困難だった。何故なら彼の人生は間違いなく苦痛に満ちたもので、グループが概略した全ての「病状」は実際には、人が苦しんでいる時に起ることの事例に過ぎなかったのだ。

マーカスによる実存的明晰の瞬間の直後に、助手は彼の協力に感謝し、着席を促した。着席の時、彼はまたしても腕組みして、思い切り眼を閉じていた。われわれは彼と繋がる束の間の機会を得たのに、それを失ったのだ。

部屋の中の誰にとっても大地は動いているように感じられなかったが、このセッションは私にとっては文字通り地を揺るがすようなものだった。私がしばらくの間、抱いていた疑念にいきなり注目させてくれたのだ。目眩くように。

＊

精神疾患は「他の病気と何も変らない」し、精神が壊れた時も脚が折れた時と同じように助けを求めれば良いのですよ、と教えてくれる善意のセレブの列はますます長くなる一方だ。社会としてはオープンであってメンタルヘルスの問題をポジティヴに論ずることに吝かではないとしても、精神「疾患」を身体的疾患と同様に検査し、診断し、治療することが可能であるという証拠については、結論が出たとは言いがたい状況だ。

身体的疾患の場合、診断してもらえば安心もする――遂に症状の原因が判明しそれに名前を付けることができたということは自分の病気が理解できたということであり、回復に向かいつつあるということでもある。同様に、精神科の診断が役に立つ人もいる――その人が体験している本当の困難を認知し、必要な援助と治療を受けることが可能となるからだ。だが多くの者にとっては、自分のメンタルヘルス上の問題を「疾患」とされることは不愉快なことなのだ。

私たちが疾患と考えがちなものを構成する要素はそう多くはない――たいていは私たちが罹るもの、病気によって惹き起こされるもの、治療できるもの、あまりありがたくないものである。だが多くのメンタルヘルス上の問題は単純にこのような特徴を持たない。精神病について云々する場合、メンタルヘルス上の問題は普通の人の感情的苦痛や混乱とは質的に異なっている、内在する脳疾患に由来している、という前提がある。その前提は言い換えれば心理的苦難というものがどんな形で顕れようと、それは人生が私たちに投げかけてくる投石や矢に対する正当な反応であるという事実を否定している。

中には受け入れやすい診断名もある。例えば「不安障害」とか「抑鬱障害」なら一般人の頭の中に「精神分裂病」のようなネガティヴな連想はない。心理学者で元精神病患者のジェイ・ワッツ博士[7]によれば、「そう、確かに不名誉ではある、だが重大な精神疾患と関係する診断を貰った時のような、手の付けられないほど厄介な差別はない」。この偏見の結果、幻聴や異常な信念などの現象を体験している人にとっては、その体験それ自体よりもむしろその体験に対する人々の反応の方がより大きな心理的苦悩となるのだ。

中には純粋に身体的な原因が大きな役割を果たしている診断カテゴリもある。例えば「双極性障害」に神経生物学的原因があることには一定の証拠が認められている。だが大多数の人にとって、専門家の治療を求めるほどの苦悩はむしろ社会的な窮状との繋がりの方が遥かに明瞭だ。貧困、劣悪な住環境、不安定で低賃金の仕事、公教育の欠如、ストレスの多い環境、頻繁な転居の必要。他人には理解されにくい問題（例えば自分がキリストだと信じ込むこと）はしばしば、ストレスの多い出来事や生活環境、特に虐待やその他のトラウマと関係している。メンタルヘルスの治療を受けている人の半分から四分の三が、子供の頃に肉体的もしくは性的に虐待されたことを報告している。簡単に言えば精神疾患は単に不安定な脳の化学作用とか不運な遺伝的要因よりもむしろ、複雑かつ重層的な個人的・社会的要因に由来する場合が多いということだ[8]。

診断を受けることはポジティヴにもネガティヴにもなり得る。ならどうするのが一番良い？　この問題に関する論争に参加した専門家や患者の良くある反応は、自分の体験に名前を付けたり理解したりするかどうかは個人の自由であるべき、というものだ。確かにマーカスの場合、強制的に与えられた病気の説明を受け入れるのを嫌がっていた。だが彼が人を殺したのは事実なのだ。私は考え込んでしまった――それによって彼は、診断名を受け入れるか否かを選ぶ権利を没収されたのだろうか？

＊

私と彼の双方にとって幸運なことに、病院のカリキュラムには兄殺しグループというのはなかった。私はマーカスと一対一のセッションを開始したが、彼の前では二度と「精神分裂病」に言及せず、医学用語も使わないようにした。

私たちは週に二度、本棟にある小さな面談室で会った（少なくとも、全ての患者はその必要性にかかわらず週に一時間ずつ――それ以上でも以下でもなく――心理学者と個人的に会う時間を与えられねばならない、という指令が来るまでは。監査要求事項にあるらしい）。もはや彼の何が「悪い」のかについての果てしない膠着状態に囚われることなく、私たちは彼に起ったことを繋ぎ合わせ、理解する作業を開始した。

若い頃、マーカスはできる限り早く家を出て恋人と同棲し始めた。彼女と出逢ったのはランチタイムと終業後に通い詰めていた賑やかなカフェ。二人はちょうど二〇歳になったばかりで、娘が生まれた。そしてマーカスによれば、幻聴が始まったのは娘の一歳の誕生日の直後からだ。

私たちの多くは、人生のある時点で幻聴を聴くことがあるだろう。周囲に誰もいないのに名前が呼ばれるのを聞いたり、眠りに落ちようとする瞬間に誰かの話し声がしたりするのは誰にでもあることだ。英国のとあるメンタルヘルス看護師のささやかな研究によれば、八三％の人が少なくとも一度は「思考や感覚ではなく、誰かが話しているような」声を聞いたことがあるという[9]。親しかった死者の声を聴くのは残された者の間ではよくあることで、驚くよりも慰められる現象とされている。

私もストレスの多かった時期に基本的に幻聴と類似するものを体験した。鳴ってもいない電話が鳴る音がしたのだ。最初と二回目は受話器を取ったが、ダイヤルトーンしかしない。三度目に起った時、たぶん休暇の予約を入れるべき時だと判断した。その後は二度と起っていない。

マーカスが初めて女の声を聴いた時、彼はとある夜に家に一人でいたのだが、それは彼の行動について口出ししてきた。だが彼は当初はほとんど気にしなかった。だが彼女はより頻繁に、より批判的になっていった。彼のクルマが汚いと文句を言った。最初は些細な小言だったが、だんだん彼を怠け者の役立たずだと言うようになった。部屋の中に誰もいないのにこれがあまりにもはっきりと聞えるので、彼はありとあらゆる合理的な説明を探し、そして結論を下した。俺と一緒に住んでる女はただ一人、つまりこの件は恋人の仕業に違いない。

だが声は外出中にも聞えるようになり、徐々に彼女以外の声も混じるようになった。全員が一斉に話すのだ。彼は彼らに向かって怒鳴りつけるようになった――「何でこんなことをする?」「俺を監視してるのか?」「ほっといてくれ!」――だがその声は益々大きく強く、自信満々になっていった。さらに多くの声が加わった。中には比較的善良で友好的なものもあり、彼らは力になってくれるし有益だと感じたという。愉快で笑わせてくれるものもあり、そういう連中は恋人が娘に歌う子守歌を歌ってくれたし、その声に「思考」で答えると、返事をしてくれたりした。

その声を出しているのが誰なのかが解ると、次にマーカスはどうやって、何故という疑問に関心を移した。唯一の合理的な説明は、恋人が今の関係に不満を抱き、呪術を掛けているというものだ――彼の祖母の信念を思い起こすなら、さほど藪から棒な結論でもない。

この仕事をしていて、実に多くの異常な信念体系を見てきた。外的な力に精神や身体をコントロールされていると感じる場合、しばしばそれを何らかの宗教的もしくは超自然的なものの所為にすれば納得できることが多い。もうひとつの良くある憑依体験は異星人によるもので、彼らは放射性光波によって対象者の脳に思考を撃ち込むことを好む（少なくとも、神や悪魔の所為にするのと同程度には説得力がある――それ以上ではないにしても。いずれにせよ、あなた独自の世界観に懸っているのだ）。

マーカスは恋人に詰め寄り、彼をコントロールしようとして彼女が行なっている（と彼が信じている）行為を非難した。だが同時にその出来事を恐れてもいた。フラットに幼い娘を抱えて、彼の奇妙な振る舞いに怯えた恋人は彼を追い出した。彼は母親と祖母の許へ帰ることもできなかった。家を出て以来、ほとんど連絡も取っていない。行き場を失った彼は車中泊を始めた。これがマーカスにとっての持続的な窮乏と拒絶の時期の始まりだった。誰も彼も、俺が傍にいることを嫌がる、と彼は思った。

ホームレスとなってちょうど数週後、仕事を解雇された。そして何より参ったのが、ある日、長年通い詰めたカフェから叩き出されたことだ。彼は椅子に座り直し、開いた掌で苛立たしげに椅子の肘掛けを叩き、女将の情夫が俺のところへ来たんだと言った。そして出てってくれと言いやがった、俺が「独り言ばかり言ってみんな頭に来てる」って。彼は何度かその話に立ち戻った。明らかにそれは彼にとっての柩の釘だった。彼によればそれこそが彼が呪われている証拠なのだ。

想像するに、マーカスは誰にも聞えない声を相手に公然と話をしながら、世間が忙しく働いている昼日中に路上を彷徨いていたのだろう。彼は街で出くわしたら避けたい男になっていた。カフェから叩き出された話を聞かされた時、私はもうずいぶん前に彼の父がパブへの入店を拒まれたという、似たような話を思い起こさずにはいられなかった。

生活状況が悪化するに連れ、彼の心の中の批判的な声はさらに強く、強制的になった。彼は大麻による自己治療を始めた、曰く、「心が落ち着くから」。だがそれは事態を悪化させただけだった。マーカスは兄のレイモンドとは連絡を取っていた。兄は所帯を持って近所に住んでいた。レイモンドはマーカスを娘に会わせることに同意した。彼が付き添いの上で公園や時々は映画に連れて行くのだ。元恋人は、レイモンドが付き添うならという条件で許可を出していた。だが彼が薬物を使用しているということを知った元恋人は、彼と娘との接触を禁じ、さらに追い打ちを掛けるように、レイモンドの妻もまたムカつくという理由でマーカスを家に入れることを許さなかった。

彼は家も仕事も唯一の頼れる人も失った。この時期のことを話す時、彼は何度もあのカフェの話に立ち戻り続けた。かつては歓迎されていたあの場所に二度と来るなと言われた顛末を。批判的な声は、おまえが悪い、邪悪な奴めと言い続けた。子供の頃の祖母の非難の谺のような言葉、そしてますます嫌になった。

声がマーカスに何を告げたのかを説明し始めた時、私はその物語が残念な結末に至る顛末を見て取った。声は、自分を傷付けろと命ずるようになったのだ。彼は血が出るまで腕を掻きむしり、煉瓦の壁に頭を打ち付けた——声は、誰が悪いのか、次に彼は何をすべきなのかを語り続けた。外的な生活がますます困難で不幸なものになっていくに連れ、彼の声はますます甲高く切迫したものになっていった。今じゃ声は俺よりも遥かに強くなった、もう無視することも、逆らうこともできねえ、と彼は言った。

疎外されたマーカスにとって、レイモンドはあらゆる苦悩の焦点のように思え始めた。もうどうしようもない速さで人生が手に負えないものとなっていくに連れ、幻覚が彼を「洗脳」して、不幸の全ては兄の所為だ、だから兄を排除しなければならないと思い込ませるようになった。声は言った、レイモンドは悪魔に取り憑かれて苦しんでいる、その悪魔こそマーカスに呪いを掛け、彼の不幸の全てを惹き起こしたのだと。マーカスはレイモンドを殺すという使命を果すのは今だと決意した。こうして彼に憑依した悪霊を殺し、彼の家族を改心させるのだと。

どうやってそれを実行するか計画を立てた、と彼は進んで認めた。レイモンドと会う約束をしてから金物屋へ行ってナイフを盗んだと。非合理な物語の中に、一連の合理的な行動があった。彼の言葉はまことに正しい、「俺は兄貴を殺そうとしていることを解ってた」。

＊

その時点では気づいていなかったが、マーカスがわれわれを「洗脳屋と呪術医」と非難したのは、彼の回復の始まりだったのだ。

「社会階級理論」によれば、私たちの感情や情動は自分が社会的順位にどのように適応していると感じているかに著しく影響を受ける――特に、自分が他の人にどの程度劣っていて、見下されていると感じるかに。その結果、「言われたこと」を信じ、行なうようになる。たとえああしろこうしろと言っている声が自分自身の頭の中のものだったとしてもだ。マーカスがレイモンドを殺した時、彼はまさにどん底にいて、自分を下の下だと感じていた。だからこそ、彼は声の命令に疑問を抱いたり、抵抗したり逆らったりするよりも、それをすんなり受け入れたのだ。

診断名を受け入れることを拒んだのは、権威ある存在（今回は現実のものだが）から聞かされたことの信憑性に逆らい始めたことを示している。もはやただ指導されたとおりに信じるだけではないのだ。マーカスにとっては遙かに安全な生き方だと思う。だが、それだけではない。病気であることを受け入れるのを拒絶することで、彼はまた、レイモンドを殺すという自分の選択に正面から向き合ったのだ。

私は一年以上に亘ってマーカスと付き合ったが、彼より前に病院を移った。彼と再会したのは何年も後、とある低度隔離病院を訪ねた時だった。彼はそこに併設されているカフェで働いていた。少し太っていたので、ほとんど気がつかなかったが、彼の方が手を振って叫んだ、「呪術医じゃねえか！」、それで彼だと解った。彼によれば、母親と娘との関係の再構築を始めたという。見舞いに来てくれたのだ。そして彼は患者たちの非公式な指導員として、マインドフルネスのグループを営んでいるという。実際、彼は一端のマインドフルネスの達人になっていた。まだ幻聴はあるけど、今じゃ無視できるし、何なら「しーっとさせる」こともできるぜ、と彼は言った。

マーカスは幻聴と戦うことを学んだが、一方の私もまた、患者へのアプローチの仕方について考え方を変え、メンタルヘルスについて新しい話し方をするようになった。通常の「病気」の処方箋を超えて、その人自身の歴史と経験の構築を尊重する話し方だ。それを説明するのに彼らがどんな言葉を使おうとも。彼との付き合いをきっかけに、私はとある疑問を抱くようになった。もしも私たちが、メンタルヘルス・アウエアネス・グループでのマーカスのように奇妙な、あるいは理解しがたい行動を採る人に対して障害という烙印を捺すことなく、普通に苦しんでいる人と見なすことができるなら、私たちはより積極的に彼らに手を差し伸べることができるだろうか？　そしてレイモンドの死のような悲劇を回避することが今よりも容易になるだろうか？

第6章

パワー・プレイ

暴力について研究するうちに、わたしは、犯罪者の行動は彼自身の内面の物語が投げかける影だと考えるようになった。

——デイヴィッド・カンター教授『心理捜査官　ロンドン殺人ファイル』

捜査に協力してくれという警察からの電話を受けた日は、金網フェンスの高さを二倍にする工事がオフィスのすぐ外で行なわれていて、その騒音による頭痛に悩まされていた。

当時の私はとある隔離病院で働いていた。フェンスを高くしている理由は、数週間前に患者の一人が脱走したからだ。歴史上とは言わぬまでも、二〇〇三年で最ものんびりした追跡劇だったけど。彼はどういうわけか病院の敷地内から直接徒歩で外へ出て、どうしたわけかたまたまキーが着けっぱなしになっていたトラクターを盗んだのだった。警察は実際には彼を追跡する必要すらなかった。現場入口のすぐ横にクルマを駐めていた彼らは、彼がやって来るまでクロスワードをしながら待っていたのだ。

この事件は劇的とはとても言えないものだったにも関わらず、地元マスコミは逃亡中の狂人に対する恐怖を煽り立てる見出しで大騒ぎした。だから病院としては、目に見えるセキュリティを増やすのに何千というカネを掛け、この裕福な田舎のお上品な近隣住民に対して全てはアンダーコントロールですということを示したのだった。電気柵を設け、進入するクルマは全て一旦停車させることとし、元准看護師の「ビッグ・ネイサン」を警備員として雇った。彼は新たに得たこの権力を存分に揮い、たとえ知った顔でも正しいＩＤがなければ頑として進入を拒んだ。ラリーという名のセラピードッグのシーズーすら、写真入りＩＤがないという理由で入れない朝もあった。

短時間脱走した患者は学習障害で、数度の放火で有罪判決を受けていた。病棟の外の庭と敷地を隔てているダークグリーンのフェンスを上る習慣があったのだが、いつもならそのまま自分の病棟入口に戻り、インターコム・カメラに手を振って中に入る。一度だけ、ブザーを鳴らして絆創膏を求めたことがある。登っている時に金網フェンスで指を切ってしまったのだ。

彼がこんなことをする理由は、それができるということをわれわれに知らせたいからだ。そして場合によっては、解けそうもない問題がある時。それは助けを求める嘆願なのだ——自分でもどうしたら良いか解らない問題があることをわれわれに知らせたいのだ。

＊

私は自らを「プロファイラー」だと思ったことはないが——そもそもそんな職業はないし——人々は私をプロファイラーと呼ぶのを好むようだ。それも甘んじて受け入れる、というのもその呼び名は、単にお茶好きの北部人に過ぎない私を遙かにエキゾティックな存在に仕立て上げてくれるからだ。何らかの魔法の力を備えた人みたいに。ＴＶでの司法心理学者の描写のお陰で（特に『クリミナル・マインド　ＦＢＩ行動分析課』と『ワイヤ・イン・ザ・ブラッド』）犯罪プロファイラーは大衆の意識の中で、明敏だがエキセントリックな人物であり、ごく僅かの謎めいた手掛かりと現場でのたった一本の煙草があれば、全く未知の犯人の正体を何も無いところから導出することができる人、とされている。

だが現実はそうではない。いわゆるプロファイラーは実際には普通の人間であって、魔術師の遺伝子など全然持ち合わせてはいない。彼らにあるのは、既にある証拠および／あるいは容疑者に対する新鮮な眼と、心理学的知識だけ。プロファイラーは捜査に対する異なる視点、あるいはまだ見つかっていない情報に対する新しいアクセスの方法が必要とされる時に、顧問として警察に呼ばれる。彼らは一連の犯罪を繋げ、面接を計画し、あるいはどんな人格や精神状態が犯人の行動を駆り立てたのか、被害者の記憶に影響したのか、と言ったことを警察に説明する。心理学者が「プロファイル」を決定することは稀でしかない。プロファイルというのは未知なる犯人のそれらしい人格、経歴、生活様式などの特徴で、犯罪とその現場の分析から導出されるものだ。シリアルキラーを追跡する孤独で批判的なコロンボという観念は映画制作者の想像力の中にしか存在しない。特にＵＫの犯罪学者の推計[1]によれば、この国においてはいついかなる時にも、その時点で活動中のシリアルキラーはせいぜい最大四人というところなのだから、それも当然だ（かなりの朗報か、それとも恐るべきニュースかは、あなたの視点如何による）。

犯罪者を捕えて司法の場に引きずり出すプロセスに用いられる心理学全般は「捜査心理学」と呼ばれ、私がこの仕事に就いている間に独立した学問分野として花開いた。[2]既に大学には専門の教程があり、特別な訓練を受けた警察官がおり、洗練された情報データベースとソフトウェアもある。この学問分野はあらゆる捜査領域に広がっており、脱税の摘発からテロの脅威の分析にまで及んでいる。おそらく私が学生から最もよく訊かれる質問はこれだ、先生はどうやってプロファイラーになったんですか？　答えは「勉強して学者になりなさい」もしくは「警察に入って捜査心理学を学びなさい」。だが個人的には、そんなことも自力で調査できないなら、もっといろいろ頑張った方が良いとは思う。

＊

私はまた、時折彼らにプロファイリングの真実を投薬もする。初めてのボーイフレンドであるジェイミー・ラバーンと一緒に学校をフケた時の話を使ってだ。一六歳の頃の浅知恵で、その天気の良い日、退屈な教室で過すよりも学校の裏庭の丈高い草地でだらだらする方がずっと良い、と判断したのだった。

その日、家に戻ると、ママは今日はどうだったと訊ねた。私は暢気に嘘の延長で答えた、「あーOK、ちょっと退屈だったわ、いつもと同じ」。

眉を上げることすらなく彼女は答えた。「おかしいわね。あなたは午後の間、ジェイミー・ラバーンと丈高い草原でだらだら過ごしてきたみたいに見えるけど」。

何で解ったの？　私は訊ねずにはいられなかった。彼女は勝ち誇って言った。「あんたのママだからよ」。その瞬間、私は彼女が単に私の母親であるだけでなく、超人的な認知力と推理力を備えた女だと感じた。

実際には学校から電話があり、朝の点呼の後で私が姿を消したこと、そして偶然にもジェイミー・ラバーンもいなくなっていたことを知らされていたのだった。それとその日の夕方に気づいたのだが、私の髪には長い草がたくさんついたままだったし。確かに驚くべき女ではあるが、私のママは別に予知能力なんて持ってはいなかったのだ。ただ証拠に基づいて選択肢を狭めていき、最もありそうな可能性を導き出しただけだったのである。それに彼女は、ティーンエイジの行動と動機については誰よりも良く理解していたし。

＊

この隔離病院の定評ある心理学チームに入って一年が経過していたが、当時は週三勤務で、他にパートタイムの個人営業やマンチェスター大学で院生相手の司法心理学の講義、法廷での鑑定証人などを兼務していた。

いずれにせよ通常はオフィスで長時間過すことはないのだが、このところはフル回転する頑丈な電動工具の騒音嫌さに、態と近寄らないようにしていた。そんな私がその日、電話が鳴った時にたまたまデスクにいたのは全くの幸運だった

騒音から逃れたいばかりに、私は受話器を掴んだ。部長刑事スティーヴ・オルブライト、重大犯罪審査班の訊問調整役。彼は殺人事件の捜査を手伝う心理学者を探していた。犯罪事件があり、有力容疑者もいるものの、罪に問えるだけの十分な証拠が無いという。最初の尋問では全く成果が得られなかった、次の尋問でご協力いただけないかとのこと。

私はその種の訓練に実地に参加した経験がありませんと説明したが、そんなことはどうでも良い、ただ心理学者の御意見を賜りたいのだと。報酬が出る見込みはないが、お願いできませんか？　後で解ったことだが、警察官が電話を掛けてきて殺人事件の捜査に協力を依頼された時には、たとえ

無償で、経験の無いことであっても、承諾しておいた方が良い。

＊

警察署でスティーヴは彼の班のオフィスを見せてくれた。お馴染みの「きちんとした乱雑」の雰囲気で、至るところに書類が山積み、空気にはコーヒーとレンチンしたランチの臭いが充満している。お茶に粉ミルクを入れると、錆の浮いた水みたいに見えた。

スティーヴは事実を淡々と挙げた。六二歳の男性マルコム・ジョーンズが七年前、自宅で殺害された――ベッドで殺されたのだ。妻は隣の二つ目の寝室で寝ていた。警察は犯人を見つけ出すことができなかった。

同じ頃、ジョーンズが住んでいた地区では住居侵入が大発生していた――不規則に広がる戦後の公営住宅団地で、主としてテラスハウスから成り、それぞれ小さな前庭と裏庭を備えている。全ての侵入が似たような手口で、それ自体には異常なところは全く無い――進入経路は裏口で、通常の家庭用小型電気製品、ジュエリー、その他の金目の物が盗まれていた。だが異常なのは、この窃盗犯が真夜中に侵入していたことだ。

ＴＶや映画の脚本家を信ずるなら、住居侵入というのはみんなが寝静まった夜に行なわれ、盗人は窓から気づかれないように忍び込む。だが実際には、ほとんどの盗人は他人と顔を合せることを嫌がるものなのだ（囚人のスラングでは、夜間に侵入する人はcreeperと呼ばれる）。住居侵入犯の大多数は昼日中、住人が仕事に出て家が留守の間に行なわれる。[3] 統計によればその件数が最大化するのは初冬の午後遅い時間帯。かなり暗くて目撃されにくいが、住人がまだ仕事から帰っていない頃合いだ。

若いデータ分析担当のジョーが参加した。新人で、犯罪現場分析と地理プロファイリング——犯人が住んでいると思しい場所を特定できそうな、犯罪と関係した場所を分析し容疑者を絞ること——に並々ならぬ興味を抱いている。HOLMES2の展開を見込んで採用された人材だ。これは主要な犯罪事例に関する大量の情報を蓄積し、全国の警察からの情報の相互参照を可能とする情報テクノロジー・システムで、現在ではUKの全ての警察に採用されている。だが当時はこのハイテクなHOLMES2はまだ到着しておらず、彼女は旧態依然としたやり方で仕事に当たっていた。既に何日も掛けて地図にアセテート・フィルムを重ね、殺人事件の前後各一年の間に夜盗のあった地点を示す細かいフェルト・チップの点を打ち込んでいたのだ。だがその努力は結局のところ、解読不能な大量の細かい赤点の塊にしかならなかった。何らかのパターンを割り出すには多すぎる点がぎっしりと詰まりすぎている。

夜盗の被害にあった多くの人の報告には、盗まれた品のみならず、たまたま起きていてバラクラヴァ帽を被った男がベッドの端に立っているのを見たという目撃情報もあった。その場合、この恐ろしい亡霊のような男は彼らに同じ命令を下す。俯せになって両手を頭の後ろに置けと。それから男は黙って突っ立ったまま、しばらく被害者を見る——ある者は数瞬、またあるものは数分だったという——それから忽然と姿を消すのである。この男の顔の特徴を特定できた者はいない。朧気に憶えていれば良い方で、そもそも暗い部屋で、バラクラヴァ帽を被っているとなればほとんど不可能だ。訛は地元のもので、取り立てて特徴は無い。だが全ての目撃者が警察に同じことを証言した

――部屋は静まりかえっていて、音と言えば自分の重々しい呼吸音だけでしたと。彼は何もしていないようだった。ただしばらく被害者を見るだけ見て、そして去る。

ジョーはこれらの特定の事例を、別々のアセテート・フィルムに記入し、俄然見やすくした――一九個ほどの赤い小点が、細い廊下を形成している。だいたい幅半マイルに長さ四マイル。夜盗は見境なく買い物をしまくったが、この赤い廊下が行きつけの商店街だったというわけだ。さらに幾つか、離れた点がある。マルコム・ジョーンズ殺害の頃に起きた夜盗事件だが、その場所が犯人の好む地区とは少し離れている事例だ。もしもそれらの事例が関係しているなら――単なる仮定だが――老人の死によって怖じ気づいた犯人が一時的にいつもの狩り場を離れた、ようにも見える。

この地区のもう一つの犯罪は住宅区域の背後にある工業団地の資財倉庫で起ったもので、全く異なる展開をしていた。スティーヴがこの犯罪について語っている間、ジョーは既に存在している赤い未知の一端に、注意深く青い点を追加した。

マルコム・ジョーンズ殺害の八ヶ月後、二人のティーンエイジの少年とその両親が、とある土曜の午後に一軒のロックアップ*の中で先日物故した祖母の遺品の入った箱を整理していた。四人が整理と箱詰めに忙殺されていた時、バラクラヴァ帽を被って銃のようなもの（後にブロウニングMK2のモデルガンと判明した――だがもしもそれをあなたが振り回し始めたら、今も警察は本物の火器として対処するだろう）を持った男が黙りこくったまま店内に入ってきて、全員を壁に向かって立たせ、両手を頭

*居住部分のない店舗

の後ろで組ませた。銃殺の体勢だ。スティーヴとジョーがこの話をした時、そのあまりの大胆さに片眉が上がった。四人からの人間を、何があるか解らない半公共の空間で制圧するというのはなかなかの仕事だ。たとえ説得力ある見かけの武器があったとしても、覚悟を決めた誰かが反撃に出る恐れは常にある。

強盗は四人を壁に向かわせ、両手を頭の後ろで組ませた。そして平然と彼らの物品を漁り、自分の鞄に詰めたという。それから悠然と列の向こうの端にいた母親に歩み寄り、両手で胸を揉み拉いた。そして彼女の背後に立ったまま、片手をズボンの前に這わせた。性的暴行だ。その手を放した後もしばらく一家の背後に立っていたが、やがてロックアップからするりと出て行った。

倉庫の監視カメラには施設を出て行く犯人の姿は何も映っていなかったが、警察は遂に地元の男イアン・ホーガンを突き止め、逮捕した。この施設の元従業員で、まだそこに自身のロックアップを借りていた。施設を出るところが映らなかったのは、そもそも出なかったからだ。彼は真っ直ぐ自分のロックアップに向かうと、その中でしばらく過した。監視カメラが撮影している場所、職員交代の時間、それに怪しまれること無く施設を出て行ける方法を正確に知っていたのだ。

ホーガン――三〇代、現在は失業中で既婚、二児の父――は、住宅団地のすぐ外に住んでいた。ジョーはアセテートの上に二つ目の青い点を置いた。今や赤い線は二つの青いマーカーによって完璧にサンドイッチされた。ホーガンの家が片方、資財倉庫がもう片方。これは地理プロファイラーの夢とは言えない――典型的な連続犯罪はだいたい円の中に集中し、その中心に犯人の家が位置するものだ――だがそれでも、重要なパターンには違いない。

ホーガンは倉庫に対する凶器加重窃盗の罪で有罪となったが、公訴局にしか解らない何らかの理由で、性的暴行に関する罪を別に問われることはなかった。既に刑期である七年の半分近くを務めているから、すぐにも帰宅できるだろう。彼はまた幾つかの夜盗とも繋がりがあったらしく、その件数はこの地域において彼の投獄以来急落していた。「繋がりがあったらしく」というのは、彼がクリーパーであることを最終的に証明することは不可能だったからだ。盗品のいくつかは彼の倉庫で嬉しそうに唸っていたのだが。実際、倉庫は金目のもので溢れ返っていた。TVに電気製品、ジュエリー、工具、レプリカとアンティークの武器。また、一見無価値で陳腐なものもたくさんあった。カレンダー、ヘアブラシ、隙間風除け。ホーガンは何も認めず、ロックアップの中身の多くはパブで取引した男から買い取ったと主張した。

ホーガンのロックアップの山積みの物品の中で特に重要なのが、マルコム・ジョーンズが所有していた時計——金の文字盤に擦切れた茶色の革バンドのついた一九七〇年代の時計である。思い出の品としての価値ならあるだろうが、カネにはなりそうにない。その他の全ての物品同様、ホーガンはそれもまたパブにいた見知らぬ男から買い取ったものだと主張し、それに反証できる者は誰もいなかった。

＊

連続犯罪者が「トロフィー」を取っておくという習慣は、長い間小説家や脚本家のお気に入りだった。気持ちの悪いものであればあるほど良く、場合によっては死体の一部だったりする。だがそういうのは犯罪フィクションだけの話ではない。二〇〇六年、「靴フェチ強姦魔」と呼ばれたロザラムのジェイムズ・ロイドは、オフィスの隠し扉の裏に百足を越える靴を隠し持っていた。その全ては、襲撃した被害者から奪い取ったものだ。

何ゆえ一部の犯罪者は土産物を欲するのか？　トロフィーは必ずしもフェティッシュ的物品である必要はない。どんなに陳腐なものであっても一種の証拠、彼らの犯罪とそれに付属するあらゆる心理的意味に繋がる物理的アンカーになりうる。性的暴行や殺人の場合、それを持つことでその興奮や刺激を再現し、いつでも何度でもそのファンタジーにアクセスできる。私の知る限りでは、中にはそのトロフィーを贈物にする犯罪者までいる。それによって贈った相手を密かに支配している感覚を楽しむのだ――その気になれば、被害者にしたのと同じ行為をその相手にもしてやることができる、それを知っているのは犯人だけだ。

＊

その時計だけじゃないんだ、とスティーヴは説明した、侵入されたジョーンズ宅で発見された靴跡の一部がホーガンのものと同じサイズだった。だがそれはありふれた運動靴で、同じ靴はホーガンのロックアップにも家にもなかった。ジョーンズの遺体から発見された黒い羊毛の繊維（おそらく手袋かバラクラヴァ帽のもの）が「手を頭の後ろに置け」と命じた強盗のあった建物の裏の入口から発見された繊維と一致したが、これまたその強盗や殺人をホーガンと結びつけることはできなかった。

ハードな法医学的証拠が出て来ない限り、ホーガンが殺人犯であると主張するために警察にできることはもはやほとんど無いと思われた。このような捜査に割けるリソースは限られている。重要でもない、注目を集めているわけでもない事件だ。現実には、一人の老人が自宅で殺された事件など、すぐにメディアのレーダーからこぼれ落ちるだろう。ホーガンのロックアップの中にあった物品の量自体も実際的な問題となった。その全てを裁判分析に掛けようとするなら、莫大な費用と時間が掛るだろう。何か新しい進展でもない限りこの件はこれで立ち消えだ。

スティーヴとジョーと初めて会った翌日、私は警察署に戻り、小さな部屋に一人で座り込んで、マルコム・ジョーンズの死の際に集められた現場証拠に眼を通した。殺された人——特にその最後があまりにも屈辱的な、あるいは暴力的なものであった場合——の写真を見るのは、いくら場数を踏んでも慣れることはない。隣人が寝間着姿でいるところを目撃したり、知らない人がトイレに座っているのに出くわしたような気まずさがある。見てはならないものを見てしまった、という深淵にして原始的な感覚。

死というのは個人的な、プライヴェートな瞬間だ——たぶん他の何よりもプライヴェートなものだと思う。時には被害者の身体の外側だけではなく、内側まで目にすることになる。ぶちまけられた内臓だとか、飛び散った脳漿だとか、露出した、あるいは切り取られた性器だとか。人の内面ほど個人的なものはない。私——つまり赤の他人——が彼らのこのような姿を見て感じる哀惜の念は、薄れるということがない。

犯罪現場写真は、言葉では言い表せない出来事のあった現場を入念に詳細に記録している。殺人の半分以上は何らかの建物内で起るので、私はしばしば人々の家の中を探訪することになる。犯罪が起ると、法医学チームが急行して注意深くその場所の層を剥いでいく。ちょうど玉葱の皮のように。各層ごとに証拠が記録され、几帳面にラベリングされる。そして全てを剥ぎ取ると、捜査員らは出来事の核心《ハート》へと迫っていく。

時には犠牲者の心臓《ハート》の方が撮影されることもある。その写真に遺体の検屍の様子が記録されていた場合だ。検死官は遺体の前面に一本の長い切れ目を入れ、この臓器を摘出して撮影する。もう一本の切れ目を後頭部に入れ、脳を検査する。その全ての段階が写真に撮影される。

憂鬱な事実だが、私が見る写真の中には赤ん坊や幼子のものもある。内務省殺人指数の示すところによれば、一歳以下の子供は人口一〇〇万人当りの割合で殺人の犠牲者となる率が最も高い。つまり人間が暴力死を遂げる確率は、生後一二ヶ月以内の方がそれ以後の全人生よりも高いということだ。ほとんど常に彼らは親か義理の親に殺されている。

赤ん坊の写真を見る時、私は頭の中で、生きていた頃の彼らと短い会話を交す。こんな風に言うのだ、「こんにちは、こんなことになって本当に気の毒に思うわ。じゃあ、話せることを話して貰えるかしら?」。馬鹿みたいだと思われるかもしれないが、礼儀を保ち、彼らに対する尊敬の念を示すためにやっている。もはやこの人物は死んでいて、その写真と沈黙の内に会話するなんてできるはずがないとしても。彼らのためにであるのと同時に、その親族や家族のためにも。あるいは単に私のためにも。死に対して何ら宗教的な、あるいはロマンティックな観念など持ち合わせていないが、それでもなお人間というものは誰かがその手を取って送り出してやるべきものだと感じているのだ、暴力によってではなく。死体は誰かの肉であり血だ。だからこの行為は、尊厳ある死の床のマナーを守ろうとする類いのことだと思っている。

自分の見ているものを頭が認識するには数秒かかる。いつも身体の方が先にそれを認識するのだ。そして落ち着くまでには、皮膚を電気が走るような不快な瞬間――「皮膚電気反応」、すなわちストレスに対する肉体の瞬間的反応――を経ることになる。私はそこで起ったことの最終結果を見ている。そして頭の中で、それがどのようにして起ったのかを再構築し始める。関係者の思考、決断、行動の時間軸を組み立てる。とは言うものの私は別に、神秘的なシャーマンみたいに誰かの「心の中に入り込もうと」しているわけではない――どちらかと言うと、彼らの立場に身を置こうとしているのだ。正しい質問を導いてくれる、あるいは次の証拠を教えてくれる、そしてこれまでに抱いた疑問に答えてくれるような有益で実際的な情報を得ようとしているのだ。自分の見ているものがそこにある全てではないということはいつも念頭に置いている。そしてしばしば、手に入る資料はそれだけなのだ。誰かがかなりの数の点を消した後で、元の点と点を繋いで線にするという心理的なゲーム。

異常なことではなくなる、ということは絶対にない。だが長く見れば見るほどそれに慣れて、より冷徹かつプロフェッショナルな興味を以て見られるようになる。嫌な仕事は何でもそうだけど、全体として見るよりも構成部品に分解して小さな部分に注目し、一度に一ステップずつやっていけば乗り切れる。こんなふうに細部に集中していれば、最終的に――幸運なら――全体像が見えてくる。

＊

私はマルコム・ジョーンズの家で撮影された全ての画像を注意深く並べた。寝室二つのテラスハウス、狭い階段を上ると踊り場で、そこはジョーンズ氏が寝ていた「裏の寝室」のすぐ外だ。おそらく彼は長年に亘って睡眠時無呼吸症候群に悩まされており、大きな鼾を掻いてしばしば夜中に妻を——そして自分自身を——叩き起こしていた。だからジョーンズ夫人は家の表側の寝室に逃げ出していたのだ（それでも毎晩耳栓をしていたので、彼が殺された夜にも火災警報器が鳴り出すまで何の物音も聞いていない。その後、慌てて飛び出すと、夫が床で死んでいた）。

ベッドの写真を見ると、整形外科用枕が血に染まっており、頭板には上方向へ血が飛び散っていた。彼が襲われたのはベッドに寝ている時で、その後、その身体は床に移された。頭はベッドの右端隅と、部屋と同じ幅の鏡付きワードローブの足下の間にあった。身体は少し寝返りを打った格好で、片腕が前に出て、肩が屈託のないポーズで丸まっている。もう片方の腕は胴体の下にあり、小さな台のように彼を持ち上げている。不自然な体勢であり、素速く床に投げ落とされてそのまま放置されたかのようだ。その全貌がワードローブの鏡に写っていて、尚一層奇妙な雰囲気を醸し出している。双子の死体。

彼は何か重い物で後頭部に少なくとも四発の激しい打撃を受けていた——写真には頭蓋骨が陥没している様子が示されている。

例によって全身が詳細に撮影されているが、特に興味深いのは両手だ。右手の二本の指が歪み、折れている。両手の指に深い打撃痕があり、皮膚が裂けた部分は出血している。何か重いもので殴打されたようだ。これは手を上げて身を守ろうとした時にできる傷ではない。検死によれば——彼の両手は、打撃を受けた時点で頭の後ろで組まれていた。

また写真では彼が転がった絨毯の一部とパジャマの脚の部分が焼け焦げている。犯人は急いで放火しようとしたらしい。間違いなく証拠隠滅のためだ。だがライター用揮発油や燃焼促進物がなかったので火が着かなかった。まあ何にしても、火災警報器だけは鳴ったけど。

マルコム・ジョーンズの死体をベッドから移動させた実際的な理由が解らない。厄介で不必要な行為。そして行動に何の実際的な目的もない場合、大概は心理的な欲求の所為だ。何故彼はそこに落されたのか、鏡の前に？

スコットランドのシリアルキラー、デニス・ニールセンは少なくとも一二人の若者を殺した。そして被害者の死体と、偽りの関係を結ぶことを好んだ——被害者を風呂に入れ、着飾らせ、特定の儀式に参加させるのだ。その長大で明瞭な自供において、ニールセンは学校で虐めに遭っていたことを語った。彼を虐めていた少年は後に溺死した。ニールセンはその少年の半裸死体が海岸に打ち上げられているのを見た時の喜びと欲情を思い起こした。この少年はかつてはニールセンの心に恐怖を植え付けたが、もはや彼にとっては脅威ではなく、今はただ看護師や葬儀屋の関心を集めるだけのものになり果てている。この決定的な瞬間は、彼の心に終生続く、『メデューズ号の筏』という絵画への魅惑を植え付けた。この絵は彼の倒錯した性的ファンタジーのインスピレーションとなった。一八一九年にテオドール・ジェリコーによって描かれたこの絵画は、フランス海軍のフリゲート艦メデューズ号の難破のその後を描いている。間に合わせの筏に乗った老人が、死んだ若者の蒼ざめた死体を抱いている。

私はかつて、デニス・ニールセンと拍子抜けするほどさりげない会話を交したことがある。彼がHMPフル・サットンで終身刑を務めていた時だ。ソフトなスコットランド訛で彼は語った、犠牲者を絞め殺したり溺死させたりするのは手段であって、目的ではないんだと。

彼のグロテスクな儀式で一番嬉しいのは、犠牲者の死体を両手で抱きかかえて鏡の前に立ち、自分が彼らを抱いているところを眺めることだったという。彼らの死体に、海から引き上げられる虐めっ子の死体と同じようなポーズを採らせるのが好きだったというのだ――為すがままに引きずられた、あの姿だ。そして彼自身が究極の存在となる。犠牲者を抱えている自分の鏡像を見詰める。彼らの両腕は両脇にだらんと垂れている。彼は心の中で写真を撮る――一種の視覚的トロフィーだ――そして生活に不満を感じ、このパワフルな瞬間に戻りたくなった時にはいつでも、心の中にそれを思い起こす。

犯人がわざわざマルコム・ジョーンズの死体をベッドから引きずり出したのは、それを抱える自分自身の姿を鏡に写したかったからなのか？　ニールセン同様、他の人間に対する自分自身の支配力を示す視覚的認証を渇望していたのか？

＊

次のステップは、倉庫強盗で逮捕された後のホーガンの取り調べの様子を見ることだ。手許には付随文書もあるが、あまり有益な行動上の情報は文字には記録されていない。だから文書は置いておいて、ひたすらヴィデオを見る。

スティーヴは正しかった。ホーガンはこの取り調べではほとんど何も洩らしてはいない。粒子の粗い分割スクリーンの映像を見ると、彼は両脚を組み、両手で膝を掴んでいる。無意識の内に自らの体に有罪の証拠を洩らさせまいとしているのだ。蓋を固く締めた壺になりきっている。

まさにPEACEの教科書的な事例だ。警察が用いる取り調べの手法である。この略語の各文字はそれぞれ、準備《プリパレイション》／計画《プランニング》、取り調べの目的の説明《エクスプレイニング》、証拠／出来事に対する容疑者の言い分の要求《アスキング》、相手の主張／結論に対する反論《チャレンジング》、評価《エヴァリュエイション》を表している。取り調べのプロセスにおいて、警察官ができるだけ有益な情報を引き出せるようにする枠組みである。この国の全ての警察官はPEACEの訓練を受けていて、近年ではこの技術は、特定の犯罪領域のために考案された数段階の訓練を要するものとなっている。

ホーガンの受け答えを見る。何か言う度に、その前に二度、長くゆっくりと深呼吸している。それは私が法廷の鑑定証人としての振舞いを訓練された時のことを思い起こさせた——「法廷のスイベル」と呼んでいるものだ。法廷弁護士の質問を受けた時には、直ぐさま答えることはしない。数秒掛けて陪審や裁判官の方を見てから、おもむろに答えるのだ。それは弁護士ではなく、陪審と裁判官に語りかける際の正式なプロトコルではあるが、それだけではない。プロセス全体をゆっくりにする目的があるのだ。言いたいことを言い終えるまで法廷弁護士の方は向かない。私の返答が正鵠を射ていて、言うべきことをきちんと言えていると確認するための重要な時間が必要な時には、不注意な速射の応酬に陥らないようにしなければならない。プレッシャーを受けた状態で質問され、答えを焦らされるというのは誰にとっても厄介な状況だから、考えを纏めるためにこういう余分な数秒を確保することは有効だ。

警官：どういう経緯でマルコム・ジョーンズの時計を所有するに至ったか、説明できるかね？

ホーガン：［深呼吸一、二］はっきりとは思い出せない、いろんな人からたくさんのものを買ってるからな。たぶん一山いくらで買った奴の中に入ってたんだろうよ。見憶えもないし［瞬き］。

数時間も経つと、言質を取らせないように入念に組み立てられたホーガンの回答は、取り調べに当たっている警察官にボディブローのように効き始めた。彼らがだんだん嫌になって来ているのが見て取れたし、そのボディランゲージは対立的なものになっていた――質問自体もだ。研究が明らかにしているところでは、こうなるとどんなに高度な訓練を受けた取調官でも、容疑者の言葉を遮って「閉ざされた質問*」をしてしまったり、事件に関する彼らの前提を確認するような回答を要求したりしてしまう。

第一の警官が、ジョーンズ氏の死体の写真をホーガンに向けてテーブルに突きつけ、椅子に座り直して腕を組んだ。ホーガンの顎の筋肉が僅かに緊張した。

警官：お前が殺したんだろ？

ホーガン：［深呼吸一、二］……俺じゃない。
警官：お前がベッドで寝てたマルコム・ジョーンズを殴り殺したんだ。
ホーガン：［深呼吸一、二］……俺じゃない、人なんて殴ったことはない。

気づいたが、ホーガンはそれぞれの質問に対して穏やかに、同意するように頷いてから、姿勢を変えている。目の前の警官を真似るように前屈みになり、腕を組んでいるのだ。これは彼の言葉の上での否定とボディランゲージの間に生じる、瞬間的だが顕著な矛盾だ。だがどちらの警官もそれに気づいていない――一人は写真を見ており、もう一人は自分の同僚を見ている。

＊

六週間後、私は二度目の尋問のために再び警察署にいた。ホーガンはカテゴリC（再定住）刑務所から二日間だけ警察署の留置場に移送されていた。留置官が彼の名を新しい宿泊施設の名簿に記入している際、私はちらりと彼を見た。ヴィデオで見た人物よりも小さく縮んでいて、最初の取り調べの時よりも骨と皮になっていた。

暫くの間、スティーヴと私とで詳細な取り調べ計画を立てた。最初の取り調べで警察官から罪を認めるよう圧力を受けた際に（そして忘れてはならないが、彼は依然として無罪かもしれないのだ――取り調

＊求められている答が決まっているような質問

べの目的は信頼に足る情報を引き出すことであり、必ずしも自供を引き出すことではない）ホーガンはあからさまに自分の立場を譲らなかったわけだから（心理学者の言う「心理的反応」）、この取り調べではむしろ彼に主導権を取らせた方が上手く行くんじゃない、と提案した。倉庫強盗の件からして、彼は支配することを好むタイプだから、その主導権を与えて、それで喋る気になるかどうか見てみようということになった。そのためにはより長い沈黙と、彼が話すのを待つ姿勢が必要となる。催促は必要最小限に。ホーガンに気分はどうかと訊ねるだけでも警官にとっては話のきっかけになるし、こちらが下手に出た態度を見せることにもなる。

あらゆる取り調べは、被害者であれ容疑者であれ、警察・犯罪証拠法（PACE）に則って行なわれる。これは捜査プロセスと接触する全ての人が人道的かつ更正に取り扱われることを保証する法的枠組みだ。何であれ、尋問中の自白が圧力の下で引き出されるようなことを避けるために、警察は証拠として用いるための取り調べの録音・録画記録を残すことが義務づけられており、私のような専門家やプロフェッショナルが部屋の外からその過程を見ることを許されている。留置所に入るのは学生の頃にアプロプリエイト・アダルト（警察署での無力な容疑者の取り調べに立ち会う人）として活動して以来のことで、全員から純然たる冷徹な注目を浴びる雰囲気を思い出した。

小さな面談室にスティーヴとタイピストと並んで座る。ヴィデオ画面の中では、警視ともう一人の警官がテーブルを挟んでホーガンとその事務弁護士の向かいに就いている。彼らは「テープのための」通常の手続きに入った。ホーガンは——前に見た時と同様——両手で膝を固く掴んでいる。一時間かそこら掛ったが、ホーガンに主導権が与えられると、彼はリラックスして自発的に話し始めた。特に倉庫での事件は冤罪だという点について。あんたら警察はこの事件について、それから俺のロックアップで見つかったたくさんの金目のものについて俺の呑み友達に話を聞くべきだったんだ、と彼は主張し続けた。特にアンティーク武器のコレクションだ。有罪判決受けた時に勝手に処分されたよな、不当によ。

彼は自らの憤懣を知らしめるのに熱心だった。取調官はこちらが何も言わなくても戦略を守り、ホーガンは何度もこれらの品物の没収に関する不満に立ち戻った。その中には、強盗に使われたと目されているモデルガンも含まれていた。彼は、それらが処分されたという事実に立ち返った。「信じられないぜ、処分とかしやがって。非合法なもんじゃない、そうだろ？　なのに処分された、そうだよな？」。

彼はこれらの武器がもはや存在しないという証言を欲しがっていたのだ。興味深いことだ——何故それが今なお彼にとって重要なのか、逮捕されてから四年以上にもなるのに？　何も強要されることなく、彼は自発的に、明らかに彼にとって重要なことを教えてくれた。

取り調べは二日に亘って続いた。ホーガンは彼にとって重要なことについて、詳細かつ長々と取留めも無く話すことを許された。より直接的な問題については、閉ざされた反応とぶっきらぼうで間接的な否定に終始した。時に彼の反応は台本があるかのようにも思えた、既にこれらの質問に対する答えをリハーサルして来たかのように。それらは結局のところ、簡単に予想できるものでもあった。「俺がマルコム・ジョーンズを殺したって？　爺なんて殴るか。俺は蠅一匹殺せねえ奴なんだ」。

だがホーガンは、刑事が発した最後の質問は予期していなかった。最後の質問として用意していたのだが、あたかもたった今思いついた、もののついでのように尋ねたのだ。われわれは事前に、彼がそんなふうに質問することに同意していた。ホーガンの虚を突くための、いわゆる「銀の弾丸」である。

「あなたはジョーンズ氏を抱きかかえて、そのまま鏡に写る自分自身を見ましたか?」。

私は注意深くホーガンの口の動きを見ていた。横に広がっている。束の間の恐怖の表情。全身の動きに連れて頭がひょいと動いた。壁に向かって椅子を引く。その質問から物理的に距離を取るかのように。突然、彼は狼狽した。「何が言いたいんだ?」と彼は吐き捨てた。それから鼻孔に空気を吸い込み、目を閉じた。声が下がった。「俺じゃない、俺じゃないんだ」。だがその身体は、既にその否定とは裏腹の動きをしていた。

嘘をついている時、特に刑務所にぶち込まれるか否かという状況の時、自分の口からぽろりと出る言葉で襤褸を出さないように、その人の脳は過剰に回転する。一か八かの嘘つきに何か質問すると、彼は自分の言うことやることが絶対的な真実に聞えるように図る。だが、精神が尤もらしい言い訳を考えている間、身体の方は瞬間的かつ無意識の内に真実を洩らしてしまう傾向がある。時にはちょうどホーガンのように、良く考えて返答を選ぶために時間を取らねばならないと自覚している時ですら。

一九六〇年代、合衆国の嘘発見の専門家(4)ポール・エクマン博士は世界で初めて、その瞬間にホーガンがコントロールできなかったような類いの肉体反応に関する分析を行なった。その後、UK感情知能アカデミーの行動解析は3－2－7の法則[5]を発見した。もしも容疑者が質問から七秒以内に、感情情報を伝達する六つのチャネル（相互作用の様式、声、話の内容、顔の表情、身体の動き、生理的変化）の内の二つ以上に亘って、三つの反応群（たとえば、頷きと紅潮と声の低下）を示した場合、偽りを述べていると判断するのが妥当なのだ。その時点では具体的には解らなかったが、ホーガンの言葉は彼の身体の反応とは矛盾する内容を語っていることだけははっきりしていた。

直ぐさまホーガンは落ち着きを取り戻し、何度か深呼吸をして、取り調べは終った。だがその質問に対する彼の異常な反応を見たスティーヴとそのチームは、彼の武器が処分されたことの確認を求める異常な熱心さと相俟って、倉庫強盗に使われたモデルガンを見直すことが有効な資源配分だという感触を抱いた。

彼らはゲームチェンジャーを見出したのだ。そのレプリカは発見された時点で法医学的検査を受けたが、特に何もおかしい点はなかった。こんな時に限って滅多に見せない有能さを発揮して、それは実際に裁判所の命令通り処分されていた。だが運良く、ホーガンが武器を包んだと言っていた大型の洗濯袋がまだ、ロックアップから持って来た他の未検査の物品とともに倉庫の中に山積みになったままだったのだ。この袋が法医学者に分析され、その内部の底に微量の血痕が発見された――マルコム・ジョーンズの血液である。

ホーガンはおそらく、モデルガンの台尻でマルコム・ジョーンズを殴り殺し、その際の微量の血痕がそれ以来ずっと袋の底に付着していたのだ。この決定的な証拠によってチームはこの件を告訴に持ち込み、ホーガンを長年刑務所に留め置くことになる判決を引き出した。

あの日スティーヴの電話に答えたことが、私にとっては新たな道への最初の小さな一歩となった。それはコンサルタント業に至る新たな道へと繋がり、多くの警察関係者との繋がりができた。それは私の個人的な業務における小さな、だが実り多い一部となった。

ホーガンがマルコム・ジョーンズを殺すきっかけが何なのかは、知ることはないだろう。おそらくジョーンズが何らかの気に障ることを言ったのではないだろうか。自分は他者を支配し、無理難題を押しつけ、望むものを取り上げることができる、というホーガンの自信を損ねるようなことを。ホーガンはマルコム・ジョーンズ殺害事件の裁判の初日まで無実を叫び続けたが、最後の最後に自らの答弁を「有罪」に変えた。もはや自分のなけなしの運命を辛うじて自分で支配するためには、それ以外の手は残されていなかったのだ。

第７章

侮辱と損傷

人間の脳は、見ていてあまり気持ちのよいものではない――ピンク掛かった灰色の皺だらけの塊で、硬さは凝固したポリッジくらい――が、言うまでもなく、見かけは当てにはならない。

――ピーター・キンダーマン教授『心理学の新法則』

ゲイリーはセインズベリーズの一生もののバッグ《バッグ・フォー・ライフ》を持っていて、どこへ行くにも持ち歩いていた。明るいオレンジのビニールで、象の漫画が描いてあり、「私は強くて丈夫」という台詞が入っていた。時には何かが入っていることもあったが、何しろ刑務所の中じゃ買い物なんて満足にはできなくて、たいていそのバッグは空だった。だけどゲイリーにとってはどうでも良いこと。それは一生もののバッグで、つまりは命のバッグ《バッグ・フォー・ライフ》なのだった。

後から知ったのだけど、彼のママは彼の命のバッグが擦切れると、あるいは時折あるように他の受刑者が盗んだり壊したりすると、こっそりそれを新しいのと取り換えていた。彼は一度、とある受刑者が煙草で彼のバッグに焦げ穴をいくつも開けた時、激怒して自分の独房を破壊した。

私はゲイリーの事務弁護士から彼の審査を依頼された。彼の家族はどうやったら刑務所から早く出られるか、そのための助言を求めていた。それは彼らにとっては出口のない複雑な迷路みたいなものだった。終身刑ではなかったけれど、まあそう言っても過言ではない状況だったのだ。というのもゲイリーの受けたのは「公衆保護のための拘禁刑（ＩＰＰ）」という判決だったから――つまり不定期刑である。

この刑罰は今では廃止されたけれど、かつての内務大臣デイヴィッド・ブランケットが導入したもので、たぶん「行動《アクト》／立法第一、考慮第二」の時代のことだろう。これはその犯罪が極めて重大ではあるが、終身刑にならなかった犯人から公衆を守ることを意図していて、乱闘から故殺までの一五三の罪に適用される。IPP判決——二〇一二年に廃止されたが、多くの者が今日も服役中——は受刑者が刑務所内で過さねばならない最低限の刑期（tariffと呼ばれる）を言い渡されるが、そこに遙かに長い九九年分の認可が加味される。つまり原則的には、追加で九九年の投獄が可能というわけだ——刑期終了後、彼らは仮釈放監察委員会に出願し、出所に値するとの認可を得なければならないのだ。

ある種のアイデアは、書面上のみに留めておくに越したことはない。IPPモデルは本来の意図よりも遙かに幅広く適用され、多くの裁判所に悪用されることとなった。数多くの犯罪者が短期の刑期を受け、追加で長い年月を刑務所で過すこととなったわけだ。事実上、彼らは将来犯すことになるかもしれない犯罪で処罰されたことになる。仮釈放監察委員会の要求基準に満たなかったがために。

仮釈放監察委員会は一人の裁判官を長として三人の委員から成り、公衆に対して依然として脅威であるか否かの判断に基づいて家に帰れるか否かが決定される。だが刑務所心理学者のロバート・A・フォードの『悪の心理学』によれば、ある人が重大な再犯を犯すか否かは統計的に言って七〇％程度しか予測できない[1]。そのためこのシステムは、受刑者に犯罪行動コースを処方し、それを完遂する能力、そして面談において心を入れ替えた自分の人格について滔々と美辞麗句を並べる能力の如何によって受刑者を査定することになる。

私はゲイリーの事務弁護士ジェイムズと以前仕事をしたことがある——善人だ。二〇〇九年のことで、その頃の私は個人営業で十分食っていけるようになっていた。そしてノーザン・サーキットの事務弁護士の間では、馬鹿げてもいないし専門用語も使わない報告書を書くという評判を固めていた。特に重犯罪、性的暴行、あるいはその他の心理的に曖昧な領域の犯罪なら何にでも、歯に衣着せぬ洞察を提供する心理学者として知れ渡っていた。ジェイムズが当時の私に依頼してきた件というのは、とある男が、いろいろ余罪はあるが、特に隣人の物干綱から盗んだ女物の服を驢馬に着せたというもの。「こういうのはまさにあなたに打って付けだと思いましたもので」と彼は言った。何の皮肉も込めずに。

厳格化の前の話で、法律扶助を必要とする者がごく普通にそれを受けられた頃だ。もしも事務弁護士がクライアントの精神状態を懸念するなら、第三者に報告書を依頼する。事務弁護士というのは容易い仕事ではない。この分野では全く専門的な訓練を受けていないのに、誰かがメンタルヘルスの問題を抱えていたらそれを判別しなければならないのだ。というかメンタルヘルスに限らず、あらゆる問題をだ。ゲイリーみたいな件に関わる事務弁護士は、今この瞬間に人生相談の相手兼腹心の友をやっているかと思うと、次の瞬間には代理親や法律の専門家になったりしなければならない。私は親子鑑定テストの間、ずっとクライアントの手を握っていた事務弁護士を知っているし、早朝に路上にいるクライアントにホットコーヒーを届けた者も知っている。お陰でそのクライアントは時間通りに、たぶん素面で法廷に現れることができた。とある知り合いの事務弁護士は何年かぶりに就職の面接に行く男と服を交換してやった。この仕事を上手くこなしている人はすぐに判る。いろんな点で彼らは親身になってくれるのだ。

彼らは常にクライアントのために最高の結果を出したいと願っていて、私は完全に第三者なのだが、優秀な事務弁護士は私の歯に衣着せぬ意見も認め、感謝してくれる。私は北部地域一円の大勢の弁護士たちと良好な職業上の関係を築いているが、ジェイムズ――頭に毛のない肥満体で、微笑むと頭全体に漣が広がる――は常に、クライアントに現実を教え、敬意を払う人物として屹立していた。

ジェイムズによれば、ゲイリーは仮釈放監察委員会から釈放に値すると判断されそうにない、何故なら衝動的な行動によって定期的に他の受刑者を引掻いたりするから。食事の際に他の受刑者のトレイから食い物を盗んだこともある。それを食うこともあるし、階段の踊り場から投げ捨てることもある――実に危険な行為だ、もしもすぐ隣に、顔面にパンチを入れることで食事のエチケットを教えたがるタイプの者がいたなら。ついこの間も「月出し《ムーニング》」と呼ばれる悪戯をやった。棟内会合の時間（全ての受刑者が社交する）の際にいきなりズボンをずり下げて、運悪くそこに居合わせた者に誰彼構わず尻を見せて回ったのだ。

受刑者内でのゲイリーの人気を下落させているのは、何でもかんでも字義通りに受け取ってしまう癖だ。一生もののバッグは文字通り命のバッグだし、他の受刑者から何をやらかしてここにいるんだと訊ねられたら、馬鹿正直に事実を答える――絶対に歓迎されない事実を。

ゲイリーは所内では「少女暴行犯《ノンス》」として知られている。一三歳の少女に対する性的暴行、というかバスの中で身体に触ったのだ。刑務所内の胡散臭いヒエラルキーではゲイリーは最低の悪人だと考えられている（最高位に位置づけられるのは武装強盗だ——特に銀行強盗は高貴だと考えられている。ロビン・フッド型の富の再分配というわけだ）。もっと賢い性犯罪者なら自分の犯罪については黙っているか、もっと一般受けの良い嘘話をでっち上げる。だがゲイリーにはそんな芸当はできないらしい——事実を答えるしかないのだ。それもしばしば言語的・肉体的攻撃を受けることになる事実を。

　ゲイリーは常に他の受刑者たちとの喧嘩に巻き込まれていた。私は二度ほど彼が目に痣を着けているのを見た。そして何度も何度も直前に面会をキャンセルされた。「監禁《ダウン・ザ・ブロック》」されているという。つまり懲罰として隔離された独房に送り込まれたのだ。所内の規則を破れば権利を剥奪されて監禁されるのが基本で、ゲイリーにとってはそれはしばしば一日の大半を独房棟にぶち込まれることを意味していた。独房内に持ち込めるのは、持っていれば本一冊、刑務所で売っている歯ブラシ、プラスティックのマグ、皿、ボウルとプラスティックのカトラリのみ。タオル、歯磨き粉、所内石鹸半分もある。ラジオもなければ面会人もなく、他の受刑者や職員との交流もほとんどなく、当然ながら命のバッグもない。

　ゲイリーの問題はそれだけではない。彼はこれまで仮釈放監察委員会が望む犯罪行動プログラムを、何であれ完遂したことが一度もないのだ。今は二つ目の刑務所だが、最初の刑務所の時にも彼の処罰プランに特化したプログラムを一つもやっていない。こなすべき一連の課題は何度も与えられてきたというのに——多くのＩＰＰ受刑者にとってお馴染みの試練だ。今の刑務所では一年近く順番待ちをした末に〈強化型思考スキル〉プログラムに参加した。これは問題解決と推論スキルを教えるグループ・プログラムだが、その内の二セッションしか終っていない。二度目のセッションの際に床に小便して、残りを拒否したのだ。実に劇的なやり方で犯罪行動プログラムの教える思考方法の習得を拒絶したわけだが、それだけではない。ゲイリーはまたありとあらゆる一貫した教育・作業プログラムへの参加も逃れてきた。そんなこんなで元来の判決は一〇ヶ月だったのだが、かれこれ四年近くも刑務所にいる。

ジェイムズとゲイリーの家族は、どうやったらゲイリーが峠を越す手助けができるのかを知りたがっている。一つでも越さなければ、地平線上にある釈放は見えてすら来ないのだ。

＊

考えただけで心が沈む。不適応の受刑者と刑法制度が手に手を取ってハッピーエンドを迎えることはない。ゲイリーの行動を満足いくものにすべくありとあらゆる提案をしたが、結局は入手可能なリソースに煮詰まらざるを得ない――そしてそれは、大半の刑務所において致命的なまでに貧弱だ。ゲイリーは模範囚にはなりそうもないし、仮釈放監察委員会の委員を唸らせるようなレベルの雄弁さなど望むべくもない。だが少なくとも、彼の脅威の度合いに関する客観的な情報や、出所後の彼がトラブルを起さないですむために必要なパッケージを提案することはできるのではないか、それによって彼の件が次に評価の俎上に載ったときに議論を活性化できるのではないかと考えた。

ジェイムズはバスでの事件に関係した人々の証人陳述書を送ってくれた。このような宣誓証言は慣れない内は理解するのが難しい。警察の取り調べ文書は逐語的に、句読点もなしにだらだら書き取られた口語の羅列が延々と大文字でタイプされたＡ４の紙束である。メールの使い方を学んだばかりの親戚の年寄りから来た怒りの通信のようなものだ。滅茶苦茶なレイアウトの所為で、大文字の森の中に隠された事実を読み取るのにも苦労する。

まず判ったのは、その夜、バスで繰り広げられたどうしようもない騒動だ。午後七時、四人の若いティーンの集団——一二歳から一五歳——が映画を見に行って（『パイレーツ・オブ・カリビアン』。まるでその後の騒動を予言するかのような映画だ）家に帰る途中だった。ハリボーのバッグと缶入り炭酸飲料を買って、全員上階にばらばらに座った。いかにもティーンエイジャーらしく。

子供たちの証言によれば、ゲイリーもまた二階にいて、オレンジ色のショッピングバッグを膝に載せて眠っていた。彼女らの冷酷な記述から読み取ったところでは、ゲイリーは単に寝場所の選択が異常だっただけではなく、その見かけからして異常だった。一人の少女が別の少女に、ちょっとこいつの顔に触ってみなよと唆した——この挑戦が一連の騒動を引き起こし、ゲイリーの投獄に至るのだ。

別の少女の証言に曰く——


れいちえるがそいつのかおにさわつてそいつがおきてそれからだれんがそいつにふらぐるつてわめいてそれからそいつはれいちえるにおまえおれにきがあるのか？　てきいてそれからうちらみんなにげてしんどけきもおやじていつてれいちえるがなきわめいてそれからそいつはれいちえるつかまえてすかーとのなかにてをつつこんでそこにむりやりねじこんでそれからかーるがはし

つてきてそいつはかーるのしりにさわつたけどかーるはわらつてた

全ての証言がこの同じ瞬間を描写している。眠っていたゲイリーが目を覚し、シートに捩上り、手当たり次第に子供たちに、特にレイチェルと呼ばれる少女に掴みかかった。彼女は追い詰められ、それから下着に手を入れられて股間を触られた。これはいかんと見た別の乗客がゲイリーを傍の席に抑えつけ、運転手はバスを停めて警察に連絡した。

ゲイリーはまさにバスにいる汚いおっさんのステレオタイプだ、まだ三〇代ではあるが。親が子供たちに見ちゃいけませんと警告する見知らぬ変人であり、女性ならウルヴァリンみたいに指に鍵を挟んで身を守りたくなる。最新の「イングランド・ウェール犯罪調査」（SCEW）[2]によれば、女性の二〇％と男性の四％が一六歳以後に何らかの性的暴行を受けており、二〇一七年にはこの種の被害者だけで六五万件に達するという。論理的に考えれば、だいたい同数くらいの犯人がいるはずだ。

彼らが全員、バスの後部シートにいる変人や路地にいる黒づくめの人であるはずはない。見知らぬ人物の手によって惹き起こされる性的暴行、甚だしい暴力や武器による脅迫といった観念は、少なくとも大部分は神話に過ぎない。不快な事実だが、性的暴行と強姦の事例の大多数において、その標的が成人であれ子供であれ、犯人は被害者の知り合いなのだ。家族、パートナー、職場の同僚、顔見知り。セクシャル・ハラスメント——野次などの言葉による虐待、その他の虐め——は公共空間に蔓延っているが、実地の性犯罪が最も起りやすいのは被害者の自宅なのである。

子供たちの証言の記憶も生々しい内に、私は刑務所のゲイリーを訪ねた（ボルトンにある両親の家からクルマで二時間）。予め刑務所のＶＰＵ（脆弱受刑者ユニット）で会うように手配してある。ゲイリーはいわゆる「オン・ザ・ナンバーズ」。これはかつての規則四三、現在では刑務所規則四五に基づいて隔離収容されている者のこと。受刑者は当人の保護のために必要と認められれば他の受刑者から隔離される。性犯罪者はしばしばＶＰになる。警察への通報者や元警官、ドラッグによる多額負債者と同様だが、彼らはしばしば学習障害を初めとする、明らかに識別可能な違いがあり、そのために虐めのターゲットとなりやすい。ＶＰは通常、主翼から離れた専用ユニットに収容されるか、他の受刑者とは異なる時間に監房から出される。

私は狭く殺風景な面会室で彼を待った。四角いパースペクス*の窓のお陰で、ゲイリーと過す時間はずっと番兵みたいに廊下に立っている警備員に見張られている。私が一人でいるのを見て、警備員はお喋りしようと入って来た。新入りの魅力は、たぶん抗いがたいものなのだろう。気楽な体勢で壁に凭れて言う、この刑務所のＶＰＵの受容は利用可能な空間を遙かに上回っているので、あまり長時間ゲイリーにここを独占させるわけにはいかんのです。けど主翼に戻ったら戻ったで、また何日もしない内に言葉をダダ洩れにするんですわ。訊かれれば誰にだって自分のやった犯罪をべらべら詳しく喋っちまう。そして気がつけばまたＶＰＵや懲罰房に戻って来るって寸法ですわ。警備員はそう言って目を丸くした。本当のことを言うなんて何てゲイリーは馬鹿なんだ、と言いたげに。あまりにも正直すぎる受刑者がそのために厄介事に巻き込まれるという矛盾のほろ苦さは、彼には理解できないようだった。

ついにゲイリーがのろのろと入って来た。ぶよぶよした重量級の肉の塊で、両腕を前に突き出したままよろよろと私に近づいて来る。歩行器をなくした老人みたいに。命のバッグは貧弱で色褪せて、畳まれた状態で左手にある。私の訪問を忘れないようにというジェイムズの手紙も一緒に。右手を出して握手しようとしたが、いきなり頭を叩かれて驚いた。さらに私をラブラドールだとでも思っているのか、その指で私の髪をくしゃくしゃと撫でた。長身で――少なくとも六フィートはある――五フィート三の私はかなり低い。この仕事をしていると、パーソナル・スペースを侵略されたり社会慣習や礼儀正しさを蔑ろにされたりするのは慣れっこだ。当時の私くらい長くやっていると、まだ浴びせられたことのない侮辱なんてほとんど残っていない。だから何も言わず、もう一度手を差し出した。だがまたしても頭を叩かれた。そこで数歩下がって明るく言った、「もう止めてよ、ゲイリー」。彼は手を脇へだらんと垂らした、まるで私に手の甲を叩かれたみたいに。私は葛藤した。犬みたいに頭を叩かれたりしたら、普通ならまず確実に激怒する。だけどどういうわけか、その時の彼が私に無礼を働いているとか怖がらせようとしているようには感じられなかったのだ。

座って貰えるかしら、と言っていつもの座る気の起きないプラスティックの椅子を指す。心の中で、果してゲイリーの物凄い体重を支えられるのかしらと訝りながら。そそくさと自己紹介を済ませる。彼の言葉は物凄く聞き取りづらく、明らかさまな非r音化《デロウタサイゼイション》が見られる。つまりrの音が上手く発音できていない。彼の名はゲイウィーなのだ、ゲイリーではなく。

＊透明風防用アクリル樹脂

ここにいる理由を訊ねると、予想外なことにいきなり自分の両脚に関する苦情を述べ始めた。彼は両脚を非常に気に掛けていて、弱々しくてふらふらするのだと訴える。メモを取りながら聞く。私がペンを置く度に、彼はそれを採り上げて何度も何度も同じ落書きをする。彼のフルネームと縞のある猫の線画。その度に私はペンを返してと言い続け、そして彼の傑作の完成を待たねばならない。止めてと言っても憶えていないようだ。こういうのを「使用行動 utilization behaviour」と言って、あるものに対して適切な使用法とされる行動を不適切な時にやらかしてしまうことをいう。彼はただ、誰もがペンを使ってやることをやっているだけなのだが、そのタイミングとコンテキストに対する理解が逸脱しているのだ。

どんな仕事でもそうだが、心理学においても自分のスキルセットの及ぶ範囲と、他者のそれが必要となる場面を弁えることが大切だ。私は神経心理学者——脳の健康状態とそれが行動に及ぼす影響を理解する人——ではないが、もうこの時点でゲイリーの問題は純然たる心理学的なものではなく、身体的なものではないのかと疑い始めた。

私は彼の医療記録の閲覧を申し込んでいたが、刑務所は何の記録も持っていなかった。最初の刑務所の受付に現れた時、ゲイリーは自分が登録されているGP*を言うことができなくて、そしてどうやらその問題はそのまま放置されていたらしい。彼の病歴を知る者は誰もおらず、投獄前に起ったことは何であれ、基本的には忘れ去られていた（これは決して異常なシナリオではない——それはおかしい、というのはその通りなのだが、現実は得てしてそういうものなのだ。重荷を抱えすぎてきーきー軋んだ公共サービスの現実は、必ずしもお伽噺のようにお上品な思考に適うものではない）。彼はこれまでに三度に亘ってメンタルヘルス問題に関する標準的な簡易テスト――全九問――を受けていたが、何れに於いても特に問題は報告されていない。刑務所GPを訪ねた際の幾つかの覚え書きはあるが、それは両脚と些細な傷に関する曖昧な愁訴に終始している。見たところ両脚に煙草による火傷があり、背中には酷い打撲傷があった――他の受刑者の仕業だ。

ゲイリーの脱抑制的行動を駆り立てているものを理解しようとするなら、彼の背景に関する明瞭な情報が必要だということは解っている。だが私が望んでいた徹底的な臨床的面接は一筋縄ではいかなかった。彼からは有益な情報は何一つ引き出せないのだ。彼はただ脚のことと、監房の扉が内側にハンドルがなく、本来ハンドルがあるべき場所に金属板が貼付けてあるという事実について話し続けるばかり。投獄前の人生について探りを入れると、「ママが知ってるよ。ママに聞いてくれ」。何か訊ねると、必ずそう返事する。「ゲイリー、あなた今まで働いたことあるの?」とか「どこの学校行ってたの?」とか訊ねてみても、ただ繰り返すばかりだ、「ママが知ってるよ」。彼が母親に酷く依存していたことは明らかだ。成人後にすら。彼のママに会う必要があった。

＊

個人営業をしているので、その種の訪問も自在だ。私は何でも自由にできる立場に到達した。自分で自分のスケジュールを立て、好きなように時間を使うことができる――このことは特に、メニ

＊NHS制度下で登録が義務づけられている一般開業医

エール病の発作がいつ来るか解らない状況で仕事をするのに役に立ってくれた。クライアントにとっても同様。こちらの望むままの個別のサービスを提供できるし、クルマに跳び乗って誰かのママに会いに行くこともできる。雇われ人だった時にはそういう時間もカネも、またゲイリーの件に必要だと感じた調査的アプローチが取れるだけの独創的なマインドセットもほとんど無かった。

言うまでもなくそのB面には、個人営業者はクライアントと治療的関係を築く時間が減るという事実がある。好きな時にヘリコプターに乗り込み、面談を行ない、勧告し、そしてしばしばまたもやすぐに出発。仕事をやりきったという満足感がある一方で、孤独感もある。仕事仲間ばかりではなく、患者やクライアントとの長期に亘る人間関係、毎日の交流が恋しくなったりもする。

そんなわけで翌週、私はボルトンにあるゲイリーのママの家の前にクルマを駐めていた。私はこれまでにたくさんの人々の家を仕事で訪れ、数多くの気遣わしげで世話好きな親たちを見てきたが、今回ほど家庭的な訪問はちょっと思い出せない。玄関前に立つ。てかてかになった真鍮のノッカー。アンが窓のネット・カーテンを一方に引いて、私であることを確認しているのが見えた。彼女はドアを開け、だがチェーンは掛けたままで言った、「ケリーなの、ねえ《ラヴ》?」――まるで私がとおの昔に亡くした娘で、やっと帰ってきたのが信じられないといった調子で。IDカードを隙間に掲げたが、その時にはもう既に彼女はドアを開けようとしていた。

中に入ると、壁額が。「この家は健康に十分なほど清潔で、幸福に十分なほど不潔である」。私のおばあちゃんも同じものをキッチンの壁に掲げていて、束の間、私はおばあちゃんちに引き戻された。一度もここに来たことなんてないのに、私は直ちにアンの家で郷愁に満たされた。

デカダンスの極みみたいに展開されたネストテーブルにポットのお茶、カスタードクリームのプレートが私を迎えてくれた。そのタブローの全てが、底知れぬキッチンロールの層に包まれている。腰掛けると、彼女の苦悩が、ポットのお茶みたいに注ぎ出された。彼女は明らかに長い時間、誰かと話す必要があった。彼女はＩＰＰ判決も、何故ゲイリーが四年経っても刑務所にいるのかも理解できていなかった。彼は性犯罪者じゃないし。何でそんなこと言われるの？　そう訊ねながら、薄緑の眼から涙が溢れた。彼女は明らかにその現実と向き合うことができていなかった。

愛する者を投獄された犯罪者の家族が、それぞれのトラウマを体験しているという事実は忘れられがちだ。剥奪感と孤独、屈辱と罪悪感、その他もろもろの感情が不幸な塊を成している。ゲイリーのママにとっては事態はさらに深刻だ。遙か彼方の刑務所に入れられているのだから。ゲイリーのパパは既に亡く、彼女は運転ができない。だから滅多に息子に会うことができないのだ。

ある年、と彼女は言った、クリスマスが近づいて、プレゼント持ってゲイリーに会いに行ったのよ。着いたら独房で、会えなかった。プレゼントを置いていこうとしたけれど、それを突き返しながら刑務官は言った、「悪いね、あいつは手に負えない餓鬼でね」。

ゲイリーの過去と病歴について訊ねると、彼女は答えた、あの子は子供の頃「病弱でね、癌だったの」。少なくとも、何かあったに違いない。だけど彼女が彼の問題点や、それが成人男性としての彼にどういう意味を持つかを深く理解していないのは明らかだ。彼女はただ、自分が良いと思うことは全部やったということを私に知らせようとしていた。彼の面倒を見て、子供の頃に化学療法を受けさせたと言った。彼女に悪気は無かったのだろうけど、たぶん息苦しいほどの過保護で、自分以外の誰にも息子の世話をさせないと決意していたような感じを受けた。箱一杯の写真を出してきて、子供の頃の彼の写真を見せた。おじいちゃんと一緒に庭にいるところとか。スクール・ポートレイトはノーブランドの茶色い厚紙のフレームに入っている。私の学校の写真と同じものだ。ゲイリーはＧＣＳＥ*を五枚も持っていた。彼女はできる限り普通の、立派な子供時代を彼に過させた、そしてそのことを私に解らせようとしていた。

　彼女は多くのことは語れなかったけれど、掛かり付けのＧＰ開業医への道順を指し示すことはできたし、お陰で彼の病歴の詳細を集められるようになった。私の仕事の中でも心理学的洞察や判断を必要とする分野ではないが、書類漁り——診療録、警察記録、以前の犯罪の際の証人の証言、保育記録、学校の成績表や教育評価——は仕事を上手くやるための重要な部分だ。この時は特にそうだった。個人営業者として私が頼れるのは自分自身のリソースのみ。患者のファイルには容易にアクセスできない。驚くほど時間が掛り、精神的にも消耗する仕事で、相手にするのはたいてい事務職員。彼らはいかなる種類の情報の共有をも自分の失点であると考えており、患者の秘密に関して厳密な規制ガイドラインの下に働いている。まずはメールを送り、承認を得て、許可が下りる。それも単に関係者のみならず、いろんな人からだ。中にはもはやいなくなってしまった人もいるし、忙しすぎてストレスも溜っていて一見さんなど相手にしてられないという人もいる。特に、もう二〇年も会ってないし考えたこともない誰かについて訊ねてくるような輩などは。

　漸く必要な診療録を入手するまで二ヶ月近く掛った。とある夜、遂に私が本腰を入れて消化するために集めた文書と書類のコレクションは厚みが一四インチにもなった。夜中過ぎまで彼の記録にメモを書き込んだ。ゲイリーの物語は鋭く緊急性を帯びて明瞭となり、翌朝、いの一番にジェイムズに電話した。

＊

四歳の時、ゲイリーは深刻なリンパ芽球性白血病と診断され、七歳まで化学療法を受けた。また頭蓋部に徹底的な放射線治療も受けていた――彼のような白血病に処方される治療法だが、脳に重大な影響を及ぼす危険性が高い。

私は神経科学者ではないが、その夜はトップレベルの研究をして、頭蓋部放射線治療の潜在的問題点は脳の前頭葉への損傷であることを学んだ。これは眼のすぐ後ろにある部位で、実行機能のほとんどあらゆる側面に影響を与え、損壊する。実行機能というのは、人間が記憶とフレキシブルな思考（判断を下し、因果関係を知る）から来る全てのものを動員して衝動を抑制することを助ける精神機能だ。

ゲイリーはたぶん、癌治療の結果としてこの脳の「コントロール・パネル」の領域に持続的な損傷を受けたが、それは長年の間、判明していなかったのだ。彼は普通の学校に通ったが、病院で治療を受けるために休みがちで、友達を作ろうと足掻いていたが（学校看護師の特に哀れな記述によれば、彼はかつて級友たちの手でホイーリービン**に叩き込まれた）。何とか追いつこうと必死になり、一六歳の時

＊一般中等教育修了証

に五枚のＧＣＳＥと共に卒業したが、何れも最低限の成績だった。一〇歳の時に児童心理学者の査定を受け、ＩＱは八五程度と診断された。低い平均値だ。二五歳で神経心理学者の診断を受けた時にには彼のＩＱは七二にまで下がっていた。明らかに、何らかの漸進的なものがゲイリーに生じていたのだ。

ある段階で、彼は精神医学サービスを受けることを許可された。失見当識状態で訳も解らないまま街を彷徨いていたのだ。警察が彼を確保した。「無感情」かつ「行動過剰」だが、「精神病の徴候はない……この若者には行動障害がある」と診断された。さらに長い期間をメンタルヘルス・サービスで過し、遂に二九歳の時にゲイリーは診断のために地元の脳損傷リハビリサービスへ送られた。バス事件と有罪判決の何年も前に、ゲイリーは前頭葉症候群と正式に診断されていたのだ。この言葉をグーグルに打ち込むと、その症状には狂躁、子供っぽい振舞い、不適切な性行動が含まれていることが解る。患者は考えをすぐに切り替えることができず、ある言葉やジェスチュアがもはや社交的な意味を失った後も、ずっとそれに執着し続けたりする。さらに、髄膜腫が彼の脳の内層で成長し、前頭葉を圧迫、行動の変化と悪化を激化させていた。

髄膜腫は通常は良性だが、巨大化すると問題を引き起こす。だから医師たちはゲイリーに、なるべく早く手術でこの腫瘍を切除したいと言った。だが彼の体重の所為で安全性に対する懸念があり――強迫的な過食もまた前頭葉症候群の症状の一つ――また彼には睡眠時無呼吸症もあった。とは言うものの、ゲイリーがこの腫瘍を切除する手術を必要としていたことは間違いない。

ゲイリーに関する書類は以上。次に予約の日時が記された彼宛の一連の手紙のコピーがある。七通か八通が同じことを述べている。「あなたは予約時にいらっしゃいませんでした。予定の変更を致しますので御連絡ください」。彼が手術を受けなかったことは明らかだ。

言うまでもないことだが、収監の手続きの中に単に親族や家族を含めるだけで、受刑者の行動や状況に関するこのような有益な情報を提供することができる。刑務所内で脳に損傷を持つ人の割合は現時点で一〇〜二〇％と見られる。(3) また、ＵＫの全受刑者の三〇％ほどが学習障害もしくは自閉症スペクトラム障害と見積もられている。英国の刑務所で最も速い速度で増加している年齢層は六〇歳以上で、(4) これらの受刑者は認知症やパーキンソン病と言った神経的状況の影響を受けやすい。英国の刑務所は——極めて少数の進歩的な施設を除いて——彼らに対する対処法を知らない。たとえ彼らが自分の抱える問題を正しく把握していたとしてもだ。これらの誤解されている病状を持つ者は単に刑事司法制度の厄介になりやすいというのみならず、ひとたび収監されれば、キャッチ＝22的状況に陥ることになる。刑務所という環境のために、彼らに期待される品行方正な行動に到達することが不可能になるのだ。これは特に自閉症スペクトラムの人に当て嵌まる。彼らにとっては刑務所の不協和な光や音は純然たる拷問になり得る。だが彼らの家族ならそういう背景を知っている。親族が少しでも参加すれば、関係者全員にとって、刑務所の体験を変えることができるだろう。

時には何かの仕事をしに行って、実際に必要なのは全く別のことだと気づくことがある。ゲイリーは心理学者に会う必要はなかった。緊急に会うべきは神経外科医だったのだ。ジェイムズは刑

＊移動用のホイールを取り付けた大型のごみ収容器

務所に連絡して、これまでに為されたこと、というよりもむしろ為されていなかったことを報せた。私の査定は、医師たちがゲイリーの身体的問題と取り組むまでしばらくお蔵入りとなった。私は手術後にもう一度彼に会い、リスク査定の仕事を再開し、彼の釈放への道を探ることになるだろう。

二ヶ月後、彼のママから電話をもらった。ゲイリーは手術を受けるために刑務所から移送されたが、手術後のリハビリ中に脳卒中を起し、三週間後に死んだという。

＊

個人営業をしている司法心理学者は、人々の人生や物語に何度も出入りする。元患者が死んだという話は時々耳にする。しばしば自殺であったり、ドラッグのオーバードーズ、あるいはただの不健康だったりする。私はほとんどのクライアントと重要な関係を築けるだけの時間はない。仕事の終りには、しばしばこう言っている。「もう二度とお会いしないことを望みます、最高に良い形で」。そしてたいていは二度と会うことはない。受刑者や患者とより近しく働き、より意義深い繋がりを持つのは刑務所や病院の職員だ。それでもなお、元患者が死ぬと、いつだって暫く立ち止まって考え込むことになる。

私はゲイリーのママから貰った一束の写真を持っていた——最後に彼女に会ったときにどうしても持って行くように言われた、彼の子供の頃の写真だ——それを郵送するのではなく、直接返したかった。子供を亡くすことほど、自然の順序に逆らうことはない。そして私は、この女性がある程度の信頼を以て私と心を通わせていたと感じていた。写真を返すのは正しいことと思われた。

私が立ち寄ると、またしても最高の陶磁器が出て来た。重荷が取り除かれたような感覚があった。彼女はおしゃべりで、最後に会ってから何があったのかを熱心に伝えたがっていた。ゲイリーは過去にも、一度たりとも彼女に手術が必要だと言われたことを話さなかったという。明らかに怖がってたわ、と彼女は言った。そしてそれを促す手紙を棄てていた、とうとう来なくなるまで。バス事件の前の三年間、一度も医者に行ったことがないから、たぶん調子は良くはなかったはず。あの日に起こったのは「脳の咳」だったと彼女は言った。あの子は病気だった、だからあんなことをしでかしたの。

彼女は自分の気分が良くなるように、出来事を上手く解釈していた。この段階では敢えて私はその粗探しをすることはなかった、私の中の一部はそれを望んでいたけれど。彼女がゲイリーのしでかしたことと折り合いを付ける道を見つけ出したことを私は受け入れた。脳の損傷の所為で、行動の帰結を考えることができなかった——ハードウェアの不具合が、そこにインストールされたプログラムの実行を阻害した——としても、彼には別の道もあったと信じている。あの日の彼の行動にはさまざまな別の選択肢もあったはずだ。何も子供に性的暴行を加えなくても。

還元主義、すなわち私たちの行動は脳の生化学的プロセスによって決定されている、という観念は科学界の一部でそれなりに人気だ。説得力もある——最終的には自由意志なるものは存在しないとか。行動の決定論的な性質はゲイリーのような人により顕著であるとか。アンにとって、「彼の脳が彼にそうさせた」という説明は彼女の苦悩に対する、そして屈辱に対する慰めとなった。複雑に絡み合って人間の思考と行動を創り上げている個人の体験と環境の影響の全てを無視することは、彼に着けられたあまりにも悩ましすぎる汚名を雪ぐ爽快で効果的な手段だった。あれば良いとは思うのだが、犯人の家族が聞きたがるような型に嵌まった説明はほとんど存在しないのだ。

ビスケットを食べ終えようとしていた私に、彼女はゲイリーの遺灰を見たいかいと訊ねた。正直言えば特に見たくはなかった——だけど答える間もなく、彼女はソファの横に手を伸してショッピングバッグを引っ張り出した。ゲイリーを入れた真鍮の壺が顔を覗かせている。何を言っていいのか解らず、それをぽんと叩いた。ゲイリーが私を叩いたように。それからそのバッグに気づいた——明るいオレンジ色で、見慣れた象の絵がついている。ゲイリーの最後の安息の場は、あのセインズベリーの命のバッグの中だったのだ。「たぶんあの子の望みだから」と彼女は言った。まさに、その通りだ。

第８章

男の世界

男は女に笑われることを恐れる。
女は男に殺されることを恐れる。
——マーガレット・アトウッド

私はケリー・デインズが嘘つきであるという明白な証拠を持っています。確実に彼女は嘘をつくことができるんです。最悪、彼女の鑑定証人としての信頼性は疑問です。

ケリー・デインズの経歴……あなたはこれまで、専門家に騙されたことがありますか？　いわゆる「専門家」に人生をめちゃめちゃにされたとか、そういう人間に家族や友人をめちゃめちゃにされたとか？

彼女は箱の中で一番切れるカミソリなんかじゃありません。何てことでしょう、彼女は赤毛で魅力的で、巨乳です。そしてもし、特定の服を着た時に尻まででかく見えたらどうでしょう。

まだまだあります……目を離さないで。

私はマグカップを置き、目の前のモニターに映し出された言葉をもう一度読んだ。何か得体の知れない気持ちの悪いものが身体の中を這い上ってくるかのようだ。会ったこともない誰かが書いた私に関する嘘が、私の名前で創られたように見えるウェブサイトに載っている。一体全体これは何？

一週間前、誰だか解らない人からFacebookのメッセージ申請を受け取った。二〇一一年のことで、Facebookは私にとっては全く新しいものだった。当時も今も、知らない人から数多くのフレンド申請やらメッセージ申請が来る。通常はほとんど気にもしない。九月の憂鬱な朝のことで、私もまだ寝起きモード、頭もぼーっとしていた、ヨークシャー・ティーも二杯目だというのに。

曰く「どう受け止められるかは解りませんが、あなたに関するウェブサイトを立ち上げました」。ほお。いつもの私なら大胆で明瞭簡潔な説明を評価するけれど、これは駄目――突然フル覚醒した。自分のウェブサイトを持ってないのは事実だけれど、まだ必要だとも思ってない。

私の個人営業はこの時点で順調に一〇年目を迎えていた。ゲイリーに会ってから四年、さらに多くの刑務所を訪問した。コンサルタント業と訓練の仕事で健全なポートフォリオを作り、個人的なクライアントや鑑定証人としての法廷での仕事もあった。直接的で正直な心理学者としての強い名声を確立していたし、その結果、犯罪ドキュメンタリーやシリーズもののTV番組にも顔出し《トーキング・ヘッド》した。このTVの仕事は二〇〇五年、ニュース番組から、両親を殺害したとして有罪判決を受けたティーンエイジャー、ブライアン・ブラックウェルの事件のコメントを求められたことをきっかけに、瓢箪から駒のように出て来たものだ。それからスカイのドキュメンタリー番組『キリング・マム・アンド・ダッド』にシリーズ・エキスパートとして出演するようになり、以来、数え切れないほどのTV番組に出演してきた。

だけどそれは、短い時事解説でしかない。私は司法心理学者であって、セレブじゃないのだ。それに極めてプライヴェートなFacebookのアカウント以外、ソーシャルメディアには出ていない。トロールと言えばお伽噺で橋の下に住む毛むくじゃらの奴だと思っていた。*仕事はいつだって口伝えで流れ込んでくるので、ウェブサイトで自分を販促する必要はなかった。もし作るなら、常に私自身がそのコンテンツを決めると考えていた。

私は直ちに返事を書いた。礼儀正しく、全く頼んでもいない申し出に対して感謝しつつ。とても嬉しいです、とまで言った——これっぽっちもそんなことはなかったが。むしろぞっとしていた。だがいつでも相手を懐柔するように、何にせよ礼儀正しくするように、と女性としてプログラミングされていた。誰であれ、私のためにウェブサイトを立ち上げてもらうなんてこの上なく気持ち悪いということははっきりさせたが、それも善意のポーズで、そのドメインネームを買い取ると提案した。少し調べると、彼はそのために二〇ポンドほど払ったらしい。

彼の返事は、ほぼその場で撃ち返されてきた。その口調は今や何となく丁寧なものから、もっとぶっきら棒で不吉なものに変っていた。

「ファンサイトとかトリビュートサイトとして続けることもできたけど、心理分析受けたいわけじゃないし。今やってることに違法なことは何ひとつないと思うけど、恥掻いたり訴訟沙汰とかが嫌なら、ドメインネーム三〇〇〇ポンドで売ってやるよ」。

当然、ド厚かましいセールスマンから何であれ買ってやるつもりはない。私はウェブサイトを削除せよという要求を繰り返し、それ以上関わるのは止めて放置しようと決意した。だが翌週、もう削除された頃だろうと思って見てみると、豈図らんや、依然として盗人猛々しくそこにあり、さらには信じられないような罵詈雑言が書き連ねてあった。

ネット上の虐待は今や女性にとっては憂鬱になるほど日常の一部となっている。特に世間の注目を集めるようなものはそうだ。アムネスティ・インターナショナルの二〇一七年の調査(1)は、Twitterのハンドルを持つ女性なら誰でも知っていることを裏付けている。ネット上の女性虐待は広範囲に及んでおり、五人に一人の女性が何らかのハラスメントを受けているのだ。その多くは性的もしくは身体的脅迫だ。「ネット上」というのは若干語弊がある、というのも虐待の結果は現実世界で体験されるものだからだ。このような調査報告の半分以上で、こうした「ヴァーチャル」な虐待の結果として不安やパニック障害やストレスが増大し、また自尊心の喪失や無力感などの心理的結果が生じたとされている。アムネスティの「トロール・パトロール」によれば、二〇一七年の調査だけで、女性に対する百万以上の虐待的ツイートが送られたという――つまり三〇秒に一回だ。その女性が黒人やエスニック・マイノリティ、および／あるいはLGBTQの場合はさらに酷い。

当時は比較的、インターネットの黎明期で、ネット上で単に女性であるというだけで危険があるとはあまり認識されていなかった。それまで見たことも会ったこともない人が、匿名の快適なリビングに居ながらにしてあなたを脅迫してくるなんてことが、女性であることの固有の危険であるだなんて宣言されていなかった。彼のサイトに新しい「コンテンツ」が上がる度に、胸の中に奇妙な

＊troll　ネットスラングで「荒し」の意味

ヴァイブレーションを感じながらそれを見詰めた。

私の服、特に平時に履いているジーンズに関する特別の、あからさまに性的なコメントがあった。この服装上の批評を突き詰めて考えることはなかったが、このジーンズをＴＶで着ていたことはないし、通常映るのは腰から上だということに気づいた——あくまでもトーキング・ヘッドであってトーキング・ボトムではないのだ（そうでない人もいるかもしれないが）。彼は現実世界で私がそれを穿いているのを見たに違いない。ストーカー被害だ。

立法者は通常、犯罪のトレンドに数歩遅れている。盗撮行為《アップスカーティング》——女性の衣服の下を密かに撮影すること——がイングランドとウェールズで非合法化されたのは二〇一九年のこと。それも、とある音楽祭で知らぬ間に盗撮されていたジーナ・マーティンが一八ヶ月に及ぶキャンペーンを繰り広げた結果のことだ。二〇一一年にはハラスメント防止法が施行されたが、それはストーキングを特に犯罪とは名指しも規定もしていなかった。政府がストーキングおよび暴力による脅迫を含むストーキングを犯罪と規定したのは二〇一二年一一月のことだ。女性の五人に一人、(2)男性の一〇人に一人が成人後にストーカー被害を体験するだろうという研究結果、および法律が不十分であり、プロフェッショナルの訓練は断片的で、被害者の支援体制も存在しないことを明らかにする議会質問を経て、ようやく重い腰が上がった格好。ストーキングとハラスメントを区別する要素は、意に沿わぬ注目が持続的・確信的・強迫的に行なわれることにある。既存の法が目を向けていないものだ。

標的の友人や親族もまたしばしばストーカーの注目を惹く。私がこの奇怪なウェブサイトと格闘している時、私より遥か前からTwitterをやっていた姉もまた、匿名アカウントから幾つかのツイートを受けていた。曰く、「お前の妹はムカつく淫乱ビッチだぜ」。また別の奴は「お前の妹は哀れだ。離婚したのも当然だ。あんなキチガイ医者と誰がデートする？　ぞっとするぜ」。

私は結婚したことはないけど、一時婚約はしていた。二〇〇九年、とある刑法法廷弁護士と。バットマンの弁当箱にウィッグを入れていた。家の近所の戸籍役場に届けは出していたが、共に不幸に生きるよりもマシということで結婚は取りやめ、それぞれの道を歩むこととなった。スタートで蹴躓いた結婚に関する情報は、公文書を丹念に拾い集めなければ手に入らないはず。この人物は私が現在独身であることは見つけ出すことができたが、点と点を正しく繋ぐことができず、私が離婚したに違いないと決め付けたのだ。彼は私が独身であることを知っている。そしてたぶん、猫のビジュ以外に同居人はいないことも。

その後彼は、私の仕事に関する荒唐無稽な出鱈目の申立てをネットに書き込んだ。私は本物の司法心理学者ではないし、言うに事欠いて犯罪者とまで罵った。後で判ったことだが、これは私が納税申告書の提出に遅れて罰金一〇〇ポンドを支払った証拠を見つけたということらしい――インターポールの指名手配を受けるようなことではないけれど。もしも彼が私のゴミ箱を漁っていたなら（全く不可能なことではない）、リサイクルの分別をちゃんとしてないこともバレてたでしょうね。全く見下げ果てた女だわ。

彼はしばしば読者に「お楽しみに」と促し、近々発表する私の伝記で本当の私に関する真実を明らかにすると約束していた。題して、『あなたの知らない悪魔』。

私の名前に対するこの取留めのない中傷は、私の体形に関するどんなコメントよりも癇に触った。

私が苦労に苦労を重ねて築き上げたプロフェッショナリズムと清廉潔白さに対して、会ったこともない人間から疑問を突きつけられるというのは、ヴァーチャルな毒みたいに感じられた。さらに悪いことに、サイト訪問者がこのウェブサイトを通じて「私」とコンタクトしたら、彼らは「ケリー・デインズにコンタクトしていただいてありがとうございます」などという返事を受け取ることになるということに気づいてしまった。つまり私の潜在的なクライアント、事務弁護士、警察官、TVのプロデューサー、さらには裁判官まで――誰であれ――が、このサイトを通じて「私」だと思い込んでいる人にメールしたりするかもしれない。全く私の与り知らぬうちにだ。ことはストーキング云々に留まらない。今や、私のキャリア自体が包囲攻撃を受けている。

明らかに、彼だけが知る理由でこの男は私に対して信じがたいほど激怒している。表向きは私が彼のウェブサイトの提案を断ったからだが、もしも単にビジネス上の問題だとしたら、大量の不埒で中傷的な書き込みは何の目的なのか。そしてこれといった目的もないなら、この行動はさらに明白な憤激の故でしかあり得ない。

よく判らない内に誰か知らない人の憤激を呼び起こしてしまったことに気づく、それがどれほど不安なことか、言葉では言い表せない。この種の悪意を読むのは、目の前で罵倒されるのと同じくらいショックであり、物理的な殴打と同じくらい呼吸が止る。

この人物が誰だか判らないというのは、どこの誰であれ、潜在的には彼であり得るということ――街中で私の後を歩いている人物かもしれないし、郵便局で列に並んでいる人物がそうなのかも。私は外に出ると緊張するようになったが、家の中にいても同じくらい安心できない。何故なら例のウェブサイトで彼はあからさまに私の住所を知っていると仄めかし、「捕まえるのは難しくはない」とまで述べているのだ。

既に警察に相談もしていた。

彼らは、サイト登録に使われた支払いの詳細を通じて彼を追跡し、彼の家まで行った。気味が悪いほど私の家の近くだった。だが警察が彼の家へ行ったことは、彼のウェブサイトでその話を読むまで知らなかったのだ。

ニュース速報――警察の家宅捜索
……まさに女からのハラスメントだ！　連中はデインズ女史の命令でやって来た。

その時、警官は一人だけだったから、明らかに俺がハイリスクだとは思ってなかったわけだ。

……デインズ女史をストーキングしてますかとか訊くから、俺は笑い飛ばして言ったよ、「やるわけないだろ……あの女が俺がやったって言ったのか？」

ウェブサイトを停止しろと言うから、するわけないだろと答えた。デインズ女史が訴訟するなら歓迎するよ。デインズ女史は警察に無駄な時間を取らせた罪に問われるべきだし、彼女は警察全員サイコパスだって思ってるって言ってやった……デインズ女史は俺から犯罪的な何かをされると恐れる必要は何もないと断言したよ。奴は言った、「おっしゃるとおりです、全部民事問題ですので」。

警察との面会の全容を報せてくれたのはストーカーさんの方だった——予想通り、警察自身じゃなくて。

警察に問い合わせると、少なくとも警察の関知する限り、如何なる犯罪も行なわれてはいないとのこと。彼が述べたように、民事問題なのですと。この時、まあ今もだけど、「民事問題」というフレーズはストーカー被害者にとっては殴打された妻の「単なる家庭内の問題」と全く同じなのだ、と思った。

彼は明らかに私が着ていた衣服を知っているし、ネット上で私の住所を探し当てたし、私が独身で一人暮らしであることも知っている、という事実を指摘した。私は脅迫されていると感じているのだ。だけどその証拠を提出するのはあなたの仕事です、と彼らは説明した。彼の行動の記録を、できれば彼があなたを見ているところの写真を提出できますか？　つまりストーカーを捕まえるために、私自身がストーカーにならなきゃ、ってこと？　彼に会ったこともなければ、どんな外見かも判らないのに？　いったいどうやって写真を撮れと？

私は警察の対応に心底がっかりした——拠所となる法体系が不十分なために、より大きな絵が見えないでいる。

酷い状況だ——司法心理学者としての洞察力は、助けというよりむしろ妨害に回っている。ストーキングは、「スローモーションの襲撃」と呼ばれている。ぽつりぽつりと行なわれるストーキング行為は、見逃している間にどんどんエスカレートして、最終的には暴行に至るからだ。私は女性の殺人被害者が、その前にストーキング（グロスターシャー大学の研究は当時の、隠密的なものを含む監視行為の六三%を記録している）を受けていた確率の高さ（同研究によれば九四%）[3]を悲しいほどよく知っている。簡単に言えば、ストーカーの全てが殺人鬼ではないが、女性を殺害した者のほとんどはまずストーキングから始めているのだ。

だけど私はまた、リスクが最大になるのはかつてストーカーと被害者の間に親密な関係があった場合であるということも知っている。つまり――彼の熱に浮かされた空想を考慮しても――それは明らかにこの場合には当て嵌まらない。だから身体的攻撃が私に向けられる可能性は極めて低いという、事実に基づいた合理的な証拠で自分を安心させようとした。見知らぬ相手によるストーキングが暴力にエスカレートするのはだいたい一〇件に一件というところだが[4]、それが元パートナーの場合は五〇%に跳ね上がる。それに何にせよ、私はプロフェッショナルであり、それもハイリスクな男たちを相手に冷静さを保ち続けるのが仕事なのだ。

午前三時、不安に身を震わせて目が醒める、「安全なの？　安全だと確信できるの？　絶対に？」と不安が囁く。それから、最も小声で、最も恐怖を掻き立てる質問。「もしも万一？」。そこで私は先の統計を思い出す。

何度も何度も、大昔に相手をした患者のことを思い出さずにはいられなかった。若い男で、三合会*が自分を殺そうとしているという妄想に取り憑かれていた。私たちは一連の長時間セッションで彼の信念の現実性を検証し、彼が中華マフィアに殺される可能性は極めて低いということを諭した。

＊香港を拠点とする幾数かの犯罪組織を総称する呼名

そして退院して僅か数週間後に、彼がマンチェスターのドラッグ屋に射殺されたと聞いた。私は知らなかったが、そいつにカネを借りていたらしい。ジョセフ・ヘラーの『キャッチ＝22』の一節を思い出す。「偏執狂だからと言って、奴らが見逃してくれるわけじゃない[5]」。

私は自分の家の要塞化に着手し、新たな警報システムと予備の鍵を着けてセキュリティを強化した。暫く家を空けて友人宅で過し、大きな犬を買ってから家に戻った――うちの猫は嫌がったけど。何せこの時点で一一年間に亘って庭の主だったのだ。数ヶ月後、フォズチョプスにハンフリーが加わった。私のライオンみたいなチャウチャウたちが、いざというとき、侵入者に対してどうしてくれるかは解らないが、彼らの大きさと不動の忠節にはとても安心させられた。今も。

長年の間、家庭生活と仕事の間には画然とした線を引き続けてきたのに、この事態は不覚にもその線を曖昧にするものだった。それにいつだって、自分の本能的な反応は抑え込むようにして来たから――目玉を片側に寄せて――本当に久々に、心から恐怖したと言って良い。男を恐怖した。会ったことも関係したこともない男を。それも肉体的にも感情的にも。

＊

これら全てのことは、リアムと出逢うほんの数週間前のことだった。女性に対して下劣な攻撃を仕掛けた経歴のある男だ。そこで私のジェンダー感覚は導火紙になっていた。彼と過した数週間、ミソジニストの硫酸が私の心の最前線に投与されていたからだ。

リアムが初めて刑務所に入ったのはまだ一八の時。彼の恋人、長いブロンドの小柄な一七歳と、彼女の両親の家のソファでいちゃついていた時、彼女は前戯がヘタだと彼を嘲笑した。そこで顔面を殴り、裸に剥いて両腕をダイニング・チェアに縛り付け、ベルトのバックル部分で全身を何度も何度も打った。ショック状態の彼女をそのまま部屋の真ん中に放置した。立ち去る前に両脚を椅子に固定したので、入って来て彼女を見つけた者の目には生殖器が丸見えだった。

この暴行罪から出所後、三年ほど何ごともなく娑婆で過したが、またしても逮捕。今回もまた別の、華奢なブロンドのティーンエイジの少女を襲ったのだ。あらかじめ、ホール係として働いていたパブから帰宅する彼女を尾行しておいたが、彼女は住宅団地の中程の、使われていない遊び場を近道として利用していた。彼は彼女の背後から現れ、「急襲」を掛けた。後頭部を殴り、両足に蹴りを入れて地面に倒し、踏みつけた。半ば意識を喪失した彼女の傍らに跪いて自慰してから逃亡した。

不運なことに、彼女は彼が思っていたほど失神はしておらず、最近のパブの常連だと見抜かれてしまった。実際、彼女は買い物に出た際に二、三度彼に気づいていたが、特に何とも思っていなかった。彼を逮捕した警察は、彼女のシフト・パターンや服装、それに他の二人の少女——同じ年頃で、同じように小柄、ブロンド——の動きに関する詳細なメモ、少女たちを描いた自作の絵などを押収した。絵の中の少女たちは裸に剥かれて縛り上げられ、殴る蹴るの暴行を受けていた。なかなか堂に入った漫画のようなイラストで、頭が大きく、表情は苦痛にゆがみ、汗を飛び散らかしている。編み上げのブーツと身体のない拳が彼女らに襲いかかっている。リアムの犯罪行為はあらゆる意味で醜悪な戯画だった。何しろ犯罪のケースファイルの中に、捕食型ストーカーの空想生活と犯罪のリハーサルに関する詳細なイラスト付きのガイドが含まれることなど、滅多にない。

二〇年以上の歳月を掛けて斯界の一流心理学者や精神科医が創り上げた「ストーキング・リスク・プロファイル」(6)は、ストーキング犯罪者を五つの動機類型に分けている。リアムの行動は間違いなく、その中でも最もレアなタイプ――捕食型ストーカーに属する。これは犠牲者を尾行し、情報を集める。相手はたいていは女性で、知り合いではない。これが襲撃や性的暴行の入念な準備となる。このタイプのストーカーにとって、何も知らない犠牲者を密かに見張ることの興奮と期待は、最終的な襲撃と同様の愉悦である。

ストーカーの諸類型の中で最も多いのが失恋型ストーカーで、かつての恋人と縒りを戻そうとしたり、あるいは関係終了の際の拒絶や言い寄った際の肘鉄などに対して復讐を企む輩である。その他のタイプとしては、例えば「無能な求婚者」型。知らない相手や単なる知り合いをターゲットとし、欲望と孤独に突き動かされて、全く勘違いの方法で相手をデートや束の間の性行為に誘おうとする。また親密型ストーカーは既に被害者と親密な関係にあるのだという妄想に燃え立たされる。そして怨恨型ストーカーはターゲットから虐待されたとか侮辱されたと思い込んでおり、その恨みを晴らそうと企んでいる。行動の指標のガイドラインとしては有効だが、ストーカーの行動を駆り立てているものはしばしば複雑で、変りやすい。必ずしも、ずっと一つの「類型」の厳密な範囲内で動くものでもない。

＊

リアムとは法医学の「ステップダウン・サーヴィス」で会うことになっていた。「ステップダウン・サーヴィス」と言うと、まるで巨大なビジネス帝国の長という輝かしいキャリアから退いたばかりの人をサポートするグループのようだが、実際には特別な援助を必要とする、あるいは刑務所や(こちらの方が多いが)隔離病院から現実世界に復帰する際に監視を必要とする元受刑者のための場である。つまりは中間施設で、通常は他の人よりも多くの支援を必要とする者、多数もしくは複雑な問題を抱える者、ドラッグ中毒者、再犯リスクの高い者などのためのものだ。

私は常々、刑務所を出てステップダウン・プロジェクトに入れる者は信じがたいほど幸運だと思っている――必ずしも彼らが同意するとは限らないけれど。ここに入るのは、いきなり刑務所のゲートの外の眩しい日の光に照らされ、日用品の一切合切を抱えて行く宛もないという状態とは全く異なる。ここは援助的で効果的な環境だ――しばしば教会にルーツを持つプロジェクトで、高い理想を掲げ、社会への貢献を歌っている。教育と雇用のガイダンスがあり、しばしばセラピーやカウンセリングへのアクセスもある。さらに現実世界に再適応するための一般的な指導もある。けれども、また制限もある。例えば夜間の施錠、門限、その他、ステップダウンの入所者が守らねばらない厳密な指針がある。

ステップダウン・サーヴィスに居住する元受刑者はしばしば、MAPPA(multi-agency public protection arrangement 複数機関による公共保護制度)チームに管理されている。ここには警察、仮釈放監察委員会、ステップダウン・プロジェクトの管理者などが所属しており、常に当人のリスクを査定し、それに従って監視と制限のレベルを調整することで全員の安全を確保している。MAPPAのメンバーは楽な仕事ではない――グループとしては、各機関の限定的な権力を通じて誰かが犯罪を犯す公算を管理することしかできず、意志決定はしばしば葛藤とジレンマに満ちている。

リアムは幾つかの制限の撤廃を要求した後、私に紹介された。過去七ヶ月、プロジェクトの下で争いもなく生活しており、他の五人の男たちと別館――巨大なエドワード様式の建物の裏に特設された拡張部――を平穏にシェアしていた。

全ての標準的で詳細なリスク査定はMAPPAチームによって完了していたが、彼に自由を渡す前にもう一つ、最後の査定が残っている、と彼らは判断した。サイコパシー・チェックリスト[7]、別名PCL‐Rだ。ジョン・ロンソンはベストセラーとなった著書の中でそれを「サイコパス・テスト」[8]と呼んでいる。とはいえ、ロンソンによる言い換えは誤称である。というのも、厳密に言えばPCL‐Rはテストでも何でもないからだ。

これは一九九一年にカナダの研究者ロバート・ヘア博士が開発した人格プロファイリング・プロセスだ。被験者がサイコパスの二〇の性質をどの程度示すかを計り、サイコパシーの度合いを提供する。私たちの中でも最高に徳の高い人を除くほとんどの者がその中のどこかに落ち着くことになっている。徹底した面談とファイル情報の精査に基づき、この査定を行なう者――特別の訓練を経た有資格の心理学者でなければならない――はそれぞれの特徴について〇から二までの点数をつける。「あり」「部分的にあり」「無し」の三段階だ。ゆえに最高得点は四〇点になるが、三〇点以上を取ればサイコパスの疑いありのレッテルを貼られ、二度と上流社会のディナーに招かれることはない。

ＰＣＬ－Ｒは、サイコパスの顕著な特徴を二つの大まかなテーマの下に分類している。人格的特徴と生活様式の要素だ。前者には誇張癖、操作志向、無謀さ、他人への関心の欠如などが含まれる。あからさまに不快な特徴だが、あらゆる人が共有するもので、特に大衆の注目を集めることを求め、成功する人、例えばセレブや政治家、そして二〇一六年の調査[9]によれば全会社経営者の五分の一に顕著に見られる。ヘアの有名な台詞に、もしも刑務所でサイコパスの研究ができなかったなら、代わりに株式仲買人かテレマーケッターを研究していただろう、というのがある。ＰＣＬ－Ｒの言う生活様式の特徴とは、非協調性の記録、規則違反や犯罪、放逸な性行動等の傾向のこと。少年非行やさまざまな犯罪タイプ、法的条件や執行猶予などの違反などにも点数が付く。

司法心理学においては最も標準的な査定と見做されているが、ＰＣＬ－Ｒはまた論争の的にもなる[10]。問題は、ヘア自身がこれを単なる人格の測定であってそれ以外の何ものでもないと考えていたにもかかわらず、いつの間にかそれに別の目的が付与され、パッケージ化され、商品化されて、今ではあまりにも決めつけの過ぎる暴力リスク判定ツールとなっていることだ。つまりその結果は、それを受けさせられる者にとっては深甚かつ長期的なインパクトとなり得る。実際にはある人の将来の犯罪を予見し、ゆえにリスク判定に役立つ過去の犯罪歴を評価するような特定の項目はＰＣＬ－Ｒには僅かしかない。反対派によれば、ＰＣＬ－Ｒはどこからどう見ても個人の徹底的な検査などではないし、このコンテキストにおける「サイコパシー」の概念は端的に言ってあまりにも循環論的過ぎる。誰かが悪事を働いた、ゆえにそいつはサイコパスだ。そしてその者がサイコパスであるなら、それ故にそいつは悪事を働くだろう、と。

簡単に言えば自分の尻尾を追いかける犬みたいなもので、ステップダウン・プロジェクトでその検査の施行を命じられた私は、まさにその状況にあったというわけだ。リアムのリスク検査によって何かが進展するような気はまるでしなかった。彼の犯罪行動という点では、リアムの過去について既に知っていることしか解らないだろう。また、彼が成人後の長期間を刑務所で過したことを考慮すると、ＰＣＬ‐Ｒで高得点を取るのに必要な履歴を蓄積するだけの機会もなかったはずだ。

けれども私はその実施を求められたのであり、今はＰＣＬ‐Ｒの本義を論じている時ではない。司法心理学では良くあることだが、この仕事を完遂するというのは適切な手続きを踏んで☑を入れていくということなのだ――考えるな、やれ。けれどもＭＡＰＰＡのチームが綿密であることは知っているし、私だって綿密には大賛成だ。だから彼に会うことにした。

＊

ステップダウン・プロジェクトは改装した館にあり、会議室やプライベートな空間はない。だから私は共同キッチンでリアムを待った。ごく普通の家庭用キッチンのようだが、それにしては異常なまでに清潔過ぎる。それに至るところにその素性をバラすものがある。例えばコンセントに貼り付けてある「抜くな」の貼紙とか、壁に掛っている防火用毛布とか、ドアの裏に貼ってある掃除当番表とか。青いはめ込み式の戸棚が壁を覆っていて、庭を見下ろす大きな窓があり、その庭は市民農園スタイルに区切られている――入所者に暇を与えないように。

外の庭を見ていると、リアムが入って来た。振り向いて挨拶しようとした時、彼があからさまに私を上から下までじろじろ見ているのに気づいた。顔の前に身体を物色している。これはほとんどの女性が体験することで、もう慣れっこだけれど、依然として実際にやられると気にはなる。そのド厚かましさだけじゃなくて、もっと深い、もっと顕著な示唆の所為だ。問題の男にとっては、女性の身体の寸法を計測することがこの状況における最優先事項なのだと。

彼はにこりともせず、いやいや握手しただけで、椅子を引いて座った。テーブルに肘を突き、顔の前で手を組んでいる。落ち着かず、苛々している。まあ理解はできるけど――これから「サイコパス・テスト」をしますと言ってる相手に愛想良く挨拶なんてできる？

私自身の自己紹介を終えた後、あれほどあからさまではないけれど、彼の身体をざっと査定した――三〇代後半の男、中肉中背、ジーンズに黒無地のトレーナー。あらゆる点で目立たない。髪は後ろとサイドを短く刈上げ、両肩は緩み、あまり外出しない人間特有の顔色の悪さ。

ＰＣＬ－Ｒの説明をして、幅広く用いられている司法心理学の査定だからと言って安心させ、何か質問はないかと訊ねた。彼はとにかく始めたいと言った。それから、時間だ、やろうや、こっちは制限撤廃して欲しいんだと付け加えた。一瞬、部屋から景色が見えないと不満たらたらの行楽客を相手にしている旅行代理店の人になったみたいな気がした。彼の受諾の感覚はぶっきら棒で、コンテキストを外れている。

だけど彼の言う通りだ。彼の制限はきつい。夜間は部屋に施錠されて警報も着けられている。管理人の同意がなければ館を出ることもできない。外出してもワークプレイスメントと保護観察規定を遵守し、街の中心部の人口密集地にいなければならない。またレシートやバスのチケットなどでどこにいたかを証明せねばならない。そんなものは人間の動きの厳密な証拠にはならないが、ステップダウンの入所者が従うべき相互信頼構築のための慣習の一つだ。

プロセスを開始する。ＰＣＬ－Ｒの面談スケジュールは、Ａ４のクリップボードにちょいちょいと書き込んで終わりというようなものではない。延々と時間の掛るプロセスで、緑の紙のブックレットに、家庭環境から親密な人間関係、経済事情から犯罪行為に至るありとあらゆる情報を集めるための質問や調査が満載されている。全てやり終えるまでには何十時間、理想的には何日もかかる。その間の会話、そこで集められたあらゆる追加情報の性質は、それが被験者と面談者の双方が深く関与する、緊張の体験であることを意味している。たぶん何週にも亘ってリアムに会いにそこに通うことになるだろう。

リアムはすぐに面談に慣れたが、その回答は素っ気ないものだった。私が探りを入れればそれに応じて情報をくれるが、それだけだ。その狙いは会話をなるたけ自然に、強制ではないように感じさせることだが、私はラポールの形成に苦闘していた。彼は私との作業が嫌で、その視線は終始、「やんならやれよババア、ほれさっさと」と言っていた。彼はチェックリストの項目1にこれ見よがしに◯を付けた。「表面的な魅力」。

（表面的な魅力というのはＰＣＬ－Ｒの二〇の特徴の一つだが、全体的に高得点の人が自動的にここで点を取るわけではない。この国では、北へ行くほどこの項目で点を取る人が少なくなる。実際、私の歴代最高のお気に入りの研究[11]は、何故スコットランドの犯罪者はアメリカのそれと比べてＰＣＬ－Ｒの点数が低いのかというものだ。それによると、前者にはアメリカ人のような軽薄で魅力的な物腰が欠けているとのこと！　アメリカのサイコパスは

「良い一日を」と言うが、スコットランドの奴はそんなことは言わない）。

定められた面会室がないので、可能なところにテントを張らねばならない。そこでたいていは共用のラウンジにある擦切れたシェニエール織のソファに座る。リアムの背後には色とりどりのグッピーがぱくぱくしている水槽があり、目の前のコーヒーテーブルはこれまでに溢れた数え切れないほどの甘いお茶のマグの所為でべたついている。まるで二つ星のゲストハウス――酷いホスピタリティを描くリアリティTVに出て来るようなやつだ。ラジオは点けっぱなし、他の入所者たちが自由に出入りしてTVを点け、魚に餌を遣り、煙草あるかと訊いてくる。

すぐに結論に飛び付くようなことはないが、彼の得点は異常なほど高いサイコパシーのレベルにまでは到達しないだろうと感じた。最後の計算は必要だが、経験上、最終得点は四〇点満点中一五～一八点というところに落ち着きそうだ。受刑者の平均は一九－二二点。その辺を歩いている普通の男女なら、メアリ・ポピンズでもない限り、三～六点というところ（私自身の点数は、手厳しく評価して、四点）。

最後から二番目のセッションの後、リアムの記録ファイルをもう一度見直そうと考えた。レシートや切符を集めてあるのを思い出したので、その閲覧を請求した。それでこのぶっきら棒な男のことがもっと解るかもしれない。フリーな時間に何をやっているのか、前にも言ったけど、綿密なのは大好きなのだ。そこで見たものは、私の首の後ろの毛を逆立たせた。

誰かの日常を示す一見陳腐なその書類は、特に時系列順にファイルして見ると、恐ろしいことを語っていたのだ。パターンが浮かび上がり、個人的な好みが直ぐさま明らかとなった。黄色い輪ゴムで束ねられた分厚いレシートの束をぱらぱら漫画みたいに捲ってみると、予想外の絵が現れた。ほぼ毎日のようにリアムは街に繰り出し、そしてずっと賑やかなショッピングセンターにいることになっていた。レシートによれば、彼は毎週水曜日はプロジェクトのためにパンを買い、釣りの月刊誌を買い、しばしば同じ本屋でミントを買って、それから真っ直ぐ、毎回同じコスタコーヒーへ向かう。賑やかなカフェで、一種のマンツーマン・サービスがある。一人がレジで待っている間にもう一人がコーヒーを淹れてカウンターに出す。リアムのレシートによれば、長期間――数ヶ月――に亘って彼は専ら同じ曜日――木曜と金曜の午後と土曜にコスタに行っていた。時には一日に三回も四回も行くこともあった。いつも同じドリンク――カプチーノ――を飲んでいる。そしてレシートの名前を見ると、それを出しているのはほぼ同じ人物だった。エスター。

リアムには何も言わず、PCL‐R面談の最後のセクションを大急ぎで終えた。その後、職員用コンピュータを使って所見をタイプ、ネットでカフェの場所を調べる。もしかしたら行ったことがあるかも。リアムがコスタのこの店に入れ込んでいるのは単にカプチーノを評価しているからだけじゃない、という感じがひしひしとしてくる。ショッピングセンターのウェブサイトを検索中、よく知られた男性用デオドラントの広告がサイドバーに出た。一人の女性が誘惑するかのようにオーヴンの上に身を屈めている。小見出しに曰く、「この娘にめろめろ?」。

画面上の時計を見る――ランチタイム。街へ繰り出そう。特に例外的な行動ではない。何にせよ食事は必要だし、しばらくリアムの立場で散歩してみる良い機会だ。

＊

コスタ目指して歩行者専用のショッピング街を少し行ったところで、可愛いブロンドのティーンエイジャーとすれ違った。ヘッドフォンをして、なるべく制服っぽくないように仕立てた学校の制服を着ている。意識高い系だった私の女学生時代を思い出す――めちゃ大人ぶってた――すれ違いざまににっこり微笑みかけた。

けど微笑みは返って来ない。音楽を聴いて、こちらには何の関心もないティーンエイジャーならではの、気怠い、ちょっと軽蔑的な視線。まあ私に関しては健康的な反応ではある。けど、こういう視線ってリアムならどう解釈する？　それにそう、私のストーカーさんなら。その束の間の応酬に何を感じ、何を見る？　微笑みの拒絶、ほんのささやかな肘鉄は、怒りに火を着ける？

人生の任意の時点でその人がどれほど危険な状態にあるかは、幅広い要素に懸っている。特に、当人の与り知らぬ状況に。もしもリアムがこの娘に侮辱されたと感じたなら、彼女は彼の憎悪を掻き立てることになっていただろう。何故ならこのシナリオでは、彼女は切望されると同時に嫌悪されるという不運な状態にあるからだ。彼は望まれたいと願い、従わせる資格があると感じている。けれども拒絶、そして嘲りを感じたら、その血管には敵意が流れ始める。俺を見下してやがる。

彼の心は、一時的に彼を過去の暴行へと引き戻しただろうか。自分が眺め、楽しんだ苦痛を思い起こしただろうか――被害者たちの身体が無力化し、顔が恐怖と屈辱に歪むのを。彼は彼女らに自分の力を、怒りを思い知らせたかった。罰を受けさせたかった。ＰＣＬ－Ｒ面談で、恋人に暴行した時何を感じたかと訊ねたことを思い出した。何を考えてたかなんて解らん、ただ腹が立って、止めさせたかったんだ、俺を嗤うの、見下すの、侮辱するのを。それで「狂戦士化」した。けどその後は落ち着いたよ。殴ってやってすっとした。

今のこの状況では、つまり日中の混雑した大通りのド真ん中では、そんな怒りが絶頂に達したら、人目を惹かずにはいられない。孤絶した場所なんてどこにもないので、彼の選択肢は限られている。けれども、それでも表面下では沸き立っている。

カフェのドアを開けると、暖かい空気、コーヒーとデニッシュの香りが漂った。冷蔵庫からサンドイッチと水のボトルを取り、支払いの列に並ぶ。カウンターの少女が他に何かご注文はと言ったけど、名札を見るのに夢中で最初は聞えなかった。エスター、小柄で金髪のポニーテイル。見たところ一七かそこら。

＊

翌週、私はプロジェクト管理者のシーラとリアムにＰＣＬ－Ｒ検査の結果を伝えるために、またしてもステップダウンにいた。予想通り全く平均的な点数で、サイコパスだと喚き立てるような要素は何も無かった。だからといって絶対に風船とコングラチュレイションズ・カードが貰えるわけじゃないけど。少なくとも、まあまあの出だしではある――今日はサイコパス・シールは貼りません！

けれども私が、とはいえ若干ながら懸念すべき問題があり、それは彼の再犯のおそれにも関わることですと言うと、雰囲気が一気に暗くなった。私は例のカフェのレシートの束をテーブルに出し――一〇〇枚以上あった――厳格ながらも非難めいたところがないように注意しながら言った。「特定の女性がシフトにいる時に、あなたがこのカフェを訪れていることに気づきました。これについて御意見を伺えるでしょうか、リアム」。

たちまち彼の両眉はカーテンみたいに繋がり、口元は引き攣った。それから彼は私を指さして唾を吐いた、「このファッキン・ビッチ」。

シーラと私は一瞬眼を合わせ、それからリアムを見た。何も言わなかった。

「ジーザス・クライスト。一体いつから、コーヒー買うのがファッキン犯罪になった？　このファッキンいかれ野郎」。

それから、私にというよりも自分自身に対して、「ファッキン・ビッチども」。

私は声を少し低めた。「コーヒーを買うのは犯罪ではありませんよ、リアム。けれども、もしもこのことについて質問しなければ、私は自分の仕事を正しく行なっていないことになります。私はこの女性の安全を懸念していますし、あなたのことも助けたいと思っています。それについて話し、状況を正しく把握することがあなたのためだと思います。どう思いますか？」。

リアムは立ち上がり、テーブルの上に手を突き出してレシートの束を――既に輪ゴムで止め直してある――放り投げた。私は即座に手を出し、どうにか受け止めた。彼はばんと両腕を突き、眼をぎらつかせた。「おまえはお節介な糞ババァだと思う」。唇が侮辱するようにめくれ上がっている。「おまえなんか触ってもやらねえ」。テーブルの脚を蹴飛ばし、憤然と出て行った。

しばらく息も継げず、沈黙があった。それからシーラと私は互いに見交わした。「そんなわけで」と私は言った、「上手く行きました」。

彼女は私の左手の紙に向かって頷いた。「ナイス・セーブ」。

後から聞いた話だが、ＭＡＰＰＡチームは私の報告書と勧告書を読んで、リアムの制限撤廃は当面ないと決定した。

＊

和解要請
私はデインズ女史の事務弁護士からの全ての書簡を公開します……デインズ女史にとっては不幸なことに、これによって彼女の名声はさらに傷つくことでしょう。
私はデインズ女史に対して、和解を提案する用意があります。時間と労力、個人的不満、私自身の名声への毀損を考慮して、彼女より五〇〇〇ポンドを受け取ることで最終和解と致します。
これが支払われた時点で直ちにウェブサイトを削除します。

リアムの件から数ヶ月後、私はマンチェスター民事司法センターにいた。モダンで光溢れる裁判所で、その日を一層奇妙なものにしていた。少し先の刑事法院のヴィクトリアン・ゴシック様式の方が私は落ち着く。あそこの木の羽目板と彫刻の装飾は、この風通しのよい全開の空間にはない謹厳さがある。

私は弁護団と共に着席し、そして初めてウェブサイトの裏の男を見た。法廷に入ってきた彼を見て、あれは僅か数分前、階下のカフェで私から数フィートのところに座っていた陳腐な外見の男だと思った。一瞬だってアイコンタクトの喜びはくれてやらない――私と過す素晴らしい一日の贅は既に味わい尽しているだろうから。正面の席に就いた時、ライトブルーのスーツの背中の縫い目の糸が解れているのに気づいた。

私は名誉毀損と文書誹毀で彼を追跡し、ウェブサイトを削除させようとした。また、クライアントが間違えてセンシティヴかつ一触即発の資料を彼に送付してしまう恐れが十分にあり、そうならないように注意を呼びかける責務を負っていた。私にはこれを「民事問題」として法廷に訴える以外の手段はなかった。

彼はそのウェブサイトを白紙化し、私に関するあらゆる資料を破棄するよう命じられた。それから、私の弁護料の問題。民事手続はお安くはない。つまりストーカーの攻撃からこのルートで身を守るのは誰にでも支払える手段ではないということ。

裁判官は彼に起立を命じた。「デインズ嬢の弁護費用六万ポンドを用意できますか?」。

彼は狼狽し始め、そして言った、「えーと、それは遠慮したいです」。あからさまな願望思考で、カネはあるけど手放したくないだけだと仄めかしている。

しかしながら、この時点でもう既に費用の回収のために彼を追い詰めるつもりはなかった。彼は弁護士すら付けず、掛った費用は時間だけだ。しかも終始、私からカネを取ろうとしてきた。カネがあるとは思えない。石から血を搾り取ることはできないのだ。それに正直言って、この既に不幸のどん底にいる男をこれ以上追い回すつもりも全然なかった。そんなことをしても悪縁が続くだけだ。

裁判官は続けた。「デインズ嬢はあなたとの間にいかなる形のビジネス関係をも望んでおられないことを理解していますか？　彼女はあなたといかなる形の関係をも望んでおられません。彼女はこれまで、いかなる形においても自発的にあなたと接触したことはないということを理解していますか？」

この時、彼は言った。「どうでも良いことです、もう彼女とは終わったんだから。もう終わっているのに。彼女には驚かされました」。まるで将来有望なロマンスをしていて、それが突然駄目になったかのように。

私は左側の弁護士助手と目配せした。右側の事務弁護士は、青いバイロ*を取り、慎重にリングバインダーを開いた。何かを書込み、私に見せてから、再び閉じた。

彼はこう書いていた、「**キチガイ**」。

私は弱々しく微笑み、またしても相手のジャケットの背中の解れた糸を見つめた。彼は「キチガイ」ではない（その意味が何であれ）、リアムが「サイコパス」ではないように。心の中で私は紙の上のその言葉に×を付けて消し、大きな赤い空想上の文字で「ミソジニスト」と書き換えた。

ミソジニー——女性と少女に対する根深い偏見と侮蔑——は人間の状態の中で精神病であると宣言されていない数少ないものの一つだ。たぶんそれは、もしも精神病なのなら、既にパンデミックだからだ。その日の法廷で、明らかにそこにいたのはまた一人のミソジニー軍の歩兵だった。女性の拒絶を恨むあまり、それを罰したいと願う男だ。

その日、法廷を出た私はずいぶん貧乏になっていたが、少なくとも、遂に正面から問題にぶつかったという解放感があった。終った。帰宅した私はドアを開けて警報器を解除し、カーテンを閉め、ソファに横になった。その日の緊張はメニエール病の発作を惹き起こし、それが重度のものになることも解っていた。部屋が回転し始める。けれどもそこに横になって、足下のフォズチョプスの大きな鼾を聞いていると、少なくとも一つの状況はもはやコントロール出来たと安心した。

というかそう思った。この時の私には、六年後も依然としてそれに対処しているなんて想像もつかなかったのだ。この仕事では、未完の物語に慣れねばならない。

＊ボールペン

第９章

指の行方

今いるところにいられないなら、ていうかいられないんだけど、
なら一切合切持って行くしかない。

――ジャネット・ウィンターソン『ノーマルにもなれたのに、何故ハッピーに？』

二〇一三年五月には緊縮財政は全く大当たりを飛ばしていた。二〇〇八年の世界的金融危機の中で施行された経費削減策は、各種公共サービスに政府謹製の沃素を注入した。

法務省は全般的な予算縮小を四〇％と見積もっている――政府機関の中でも最も厳しい削減だ。法律扶助への大鉈は、法廷での鑑定証人としての私の仕事がほとんどなくなるということを意味している（緊縮財政の時には鑑定証人は必要不可欠ではないらしい。まあ刑事裁判や家庭裁判に、法的助言や代理人なしで来る人の増加を鑑みれば、心理学者たちの失業なんぞ些細なことですが）。慈善団体やソーシャルケア機関、地方当局との間の契約は全て切られるか入札にされ、安い人たちに負けてしまった――ボランティアのカウンセラーや、訓練生や、あまつさえライフコーチにまで。警官への訓練依頼も減り、取調や捜査への助言依頼も減った。私は常々、クライアントに対して犯罪は引き合わないと言い聞かせてきたが、まさにその通りだ――私の受注は大幅に減った。*

ただ一つの例外。〈オペレーション・ユートゥリー〉（元TVパーソナリティのジミー・サヴィル等による児童虐待の捜査）のお陰もあって、児童虐待犯罪の報告に対する大衆の認知と信任の波があった。逮捕とその後の起訴の数は露見率ほど素速くは増えていない。だがそうは言っても、私の業務に於

いてはインターネットを基盤とする児童を対象とした性犯罪者に関する判決前リポートの需要はひっきりなしだった。ネットから児童虐待画像をダウンロードしたのが発覚した男を担当する事務弁護士からの照会は毎週のようにあった（「児童ポルノ」などというものは存在しないし、これまでにも存在しなかった――ただ児童虐待とその画像、ビデオ、さらにはライヴストリーミングのようなものがあるだけだ）。この中には、児童に対して性的会話への参加やチャットルームやウェブカムによる活動を煽った者、あるいは児童との出会いを画策した者も含まれる。彼らは大概は年輩の男だが、時にはもっと若い、一〇代後半や二〇代前半の若者もいる。自分自身が子供の頃にネットで性的に搾取された体験から、「グルーミング」（虐待者が被害者を操り、反抗をその度に抑えるプロセス）の技術を学んだ者たちだ。若かろうが年輩だろうが、彼らには表向きは異常なところはほとんどない。きちんと仕事をし、人間関係を持ち、過去に何らかの違反をしたことも滅多にない。

彼らのファイルには通常、事例概要が含まれている。そこには彼らの携帯電話やコンピュータから押収した資料の事例が三つか四つ記述されている。全ての画像が鑑定され、その虐待の程度に従って分類される。そのスペクトラムは、性的なポーズの児童の写真から、これ以上もなく極端かつ残酷な行為の動画にまで及んでいる。

二〇一三年には五点式のグレイディング・スケールが用いられていた（SAPスケール。その後、量刑協議会による、より単純な三段システムに取って代わられた）。私は常に、これらの画像を見てカテゴリ

＊ crime doesn't pay（犯罪は引き合わない）を「犯罪はカネにならない」に掛けている

に分類・カタログ化することを生業とし、さらには常によそよそしくフォーマルな言語で概要をタイプしつつ、それでもそのおぞましい詳細を取り繕うことができずにいる専門家たちの心中をお察し申し上げて来た。そんなのを毎日読むだけでも辟易するというのに。私が処理困難に感じたのは大人たちが子供相手にやったことの写実的な記述のみならず、流通している虐待的な図像の数自体もだ。それと、概要の記述だけでは絶対に解らないこともある。その子供が特定され、今は安全なのか、それともまだどこかで同じようなことをさせられているのか。

国家犯罪対策庁(1)によれば、UKにはネット上で子供相手に「何らかの性的脅迫を行なっている」者が八万人いる。ますますその全てが私の取扱件数に入っているかのように感じられた(それよりももっと不穏な考えは、それが誰の取扱件数にも入っていないということだけだ)。私の仕事とクライアントの多様性と予測不可能性は、常に司法心理学者冥利に尽きるものだった。自分のリストから特定の種類の犯罪者をまるまる削るということはしたくはなかった。だが同時にまた私の頭には半分想像の不快なイメージが溢れ返り、こんなもののためにこの仕事に就いたわけではないと強く感じ始めた。

ちょうどその頃、BBCウェールズからウェールズ語のドキュメンタリーに出てくれという依頼を受けた。ストーキング事件以後、意図的に公衆の眼を避けていて――目立たずにいることが一番安全だと感じられた――多くのドキュメンタリーを断ってきた。ストーカーというものは寝ている犬*だから、起さずにいられれば何よりだと思えた。けれど今回は、彼がウェールズ語にはさほど堪能ではないだろうから、見られることはないだろうということに賭けて、承諾した。

番組のテーマはマーク・ブリッジャー裁判。ウェールズは前年の秋からずっと喪に服していた。脳性麻痺の五歳児エイプリル・ジョーンズがブリッジャーに誘拐され殺されたのだ。彼女の失踪は、UKの警察史上最大の行方不明者捜索劇に火を着けた。ブリッジャーは彼女を殺害したのみならず、絶対に見つからない方法でその遺体を処理したのだ。彼は自宅で、遺体の一部を薪ストーブで焼却した。だが法医学チームが炉床に小さな頭蓋骨の粒子と、エイプリルのDNAに合致する血痕を見つけ出した。他の部分は僻地にばらまいたり、カイヌスにある彼の小屋近くの急流の川に棄てたとみられている。エイプリルの両親が埋葬できたのは、娘の遺体の一七の断片のみだった。

ブリッジャーはエイプリル殺害については無罪を主張したが、彼女の死に関しては「たぶん責任がある」と認めた。この幼い少女に起ったことの謎、遺体の発見による結末やブリッジャーによる首尾一貫した説明の欠落は、この事件、および裁判で出るかもれ知れない証言に関するメディアの興味の洪水を生み出した。

私が求められたのは、ブリッジャーの証言を傍聴して番組制作者に何らかの論評をすることだ。私は一週間ほどに亘ってモールド刑事法院の舞台裏にある狭苦しいマスコミおよび一般用の席に就いた。これまで仕事で培ってきたのと同じ公平な興味を以て、ことの推移を見守れるだろうと思っていた。だけど、その視点からこのようなものを見るのは全く初めてのことだった。高い所、すなわち下で運命を決せられようとしている人と同じ部屋でありながら、何光年も彼方からだ。今の私

＊厄介事

は意見を述べる鑑定証人でもなければ、司法が奉仕する被害者でもない。私は他の一般人と全く同様に、ブリッジャーが演じるグロテスクな茶番を眺め、熱中し、愕然とし、そしてエイプリルの両親の静謐な尊厳と剛毅に悄然とするしかなかった。

私を捉えたのは数秒のヴィデオ。攫われた日にレジャーセンターにいた彼女のCCTV映像だ。幸せそうな、異常なほど小さな少女が、自力で重い扉を開けようと苦闘している。そして法廷の男は六フィート二、前腕の蛇のタトゥーを青いシャツに隠している。その日の内に彼女は彼の暖炉で骨の断片にされる。その映像を見て怒りが込み上げるのを感じた。すぐに霧消する類いの怒りではないことも解っていた。

エイプリルを攫う日まで、ブリッジャーはソハム殺人事件の被害者ホリー・ウェルズとジェシカ・チャップマン、それに一九九六年にフランスへの修学旅行の際に強姦殺害された女学生キャロライン・ディキンソンの画像をインターネットで検索していた。彼のコンピュータには児童虐待の猥褻画像ファイルが大量に保存されていた。また彼のコンピュータの検索語には、「puberty（思春期）」だの「naked young five year old（裸の若い五歳）」だのが含まれていた。

ブリッジャーは、自分がインターネットを検索したのは自分自身の子供たちの性的発育を理解するためだったと抗弁した。子供たちの卑猥な画像を保存したのは「後で苦情を入れるため」。たまたま自分のランドローバーでエイプリルを轢いてしまったのは事実だが、その後に起ったことはよく憶えていない、酒に酔ってたしパニック状態だったからと。だがその後、八歳の証人が彼のクルマに乗り込むエイプリルを見たと証言した。科学捜査官ロドリック・スチュアートが、ブリッッジャーのランドローバーにもエイプリルの自転車にもそれが交通事故だったという彼の主張を裏付ける物的証拠の痕跡はありませんと報告した。

彼がエイプリルを誘拐する前に何を空想していたかは誰の目にも明らかであり、彼が彼女を殺したこと、その犯罪が性的動機によるものだったことに疑問の余地はなかった。その日、彼が他の三人の少女をクルマに乗せようとして失敗していたことまで明らかとなった。彼の嘘は滑稽かつ計算尽くのもので、彼女の両親に事の次第の真実を明かすまいとする彼の残酷さは許しがたいものだった。

五月三〇日、ブリッジャーは誘拐、殺人、および司法妨害の罪で有罪となった。終生仮釈放無しの終身刑。昔から、子供の命を奪った者の正当な死に場所は刑務所だけだと考えてきた。けれども私は、その種の判決を下してカネを貰ってるわけじゃない。それにその時までずっと私は誰かの犯罪行動と自分の個人的感情とを区別して来た。だから彼らを相手に客観的に仕事ができたのだ。罪と同時に当人のことも考えることができたのだ。私は誰よりも多くの児童殺人犯に刑務所で出逢ってきた。例えばロバート・ブラックは、少なくとも四人の少女を殺した（そして二〇一六年にHMPマガベリーで死んだ）。また、児童の殺害や虐待で刑務所に入った後にステップダウン・サーヴィスに移動した何人かの男たちも見た。彼らに対して自己紹介し、握手を求めた。他の誰に対しても行なうように。そして手の中にある彼らの手ではなく、仕事のことだけを考えていた。

イアン・ブレイディ以外にも（マンチェスターに育って、後にイアン・ブレイディと握手したなら、その手が惹き起こした悪事について考えずにはいられない）私は嫌悪を感じただろうか？　感じた。だけどブレイディには共感の切れっ端のようなものもどうにか見つけられた。何と哀れな魂、と内心思ったのを憶えている。だがここ何日か、マーク・ブリッジャーが何度も何度も自分の殺した子供のことを「小さなエイプリル」と呼ぶのを聞いて、彼に対して中立を保つのに必要な公平さは見出せないことを知っていた。これまで誰かを、マーク・ブリッジャーを見るような目で見たことはないし、これほど圧倒的なまでの嫌悪とムカつきを覚えたこともない。

その週、ブリッジャーの証言を見ていて、君はPTSDに罹っていると同僚に指摘された。たぶん私は何らかの代償性トラウマを患っていて、仲間の心理学者との標準的なスーパーヴィジョン・ミーティング——全ての心理学者は、内面を吐露して自分の仕事を省察する際にこれを受けることになっている——では助けにならなかったのだ。もしもPTSDが「慢性的な疲労、吐き気、ムカつき」という意味なら、確かにその発作を起している。私は虐待を受ける子供の画像を見ている男たちの件を溢れ返るほど扱っている。その全員が全員マーク・ブリッジャーではないけれど、それでも猖獗を極めるブラックマーケットの客であり商売人なのだ。

私は自分に期待されている通りのプロフェッショナルな態度でTVクルーにブリッジャーに関する分析を提供した。それと、かれこれ五〇年近くに亘って私たちは「見知らぬ人は危険」と聞かされてきましたが、それは主として一九七一年の政府キャンペーンのお陰であり、そのきっかけとなったのが一九六〇年代のムアズ殺人事件を初めとする有名な児童誘拐でした、と付け加えた。実際にはそれはもう時代後れの概念だ。「誘拐」と「見知らぬ人」を殺人というコンテクストで定義するのはもはやそれほど確実ではない。私たちは子供が街中で拐かされ、攫われると考えがちだが、最近の事例では接触と殺害の前にネット上でのグルーミングが見られるのだ。マーク・ブリッジャーですら、エイプリルにとっては全く見知らぬ人というわけではなかった。彼の子供の一人が彼女と同じ学校に通っていたのだ。だけど、と私は法廷に座る自分に思い起こさせた、現実には子供の誘拐は稀で、このように殺害で終るのは例外中の例外だ。それがメディアのスポットライトを浴びるのはまさしく最悪のシナリオだから。子供の誘拐が見知らぬ人の仕業という事例は半分以下――慈善団体の〈アクション・アゲンスト・アブダクション〉が二〇一一年と一二年に集めた警察データによれば、四二%。[2] 見知らぬ人による一六歳以下の誘拐件数は、同じ報告によれば年間五〇件。そのうち一五件は性的暴行を受けていた。とはいえ、数が少ないからと言ってそのショックやインパクトが薄れるわけではないが。また、同じ調査では誘拐の四件に三件は未遂に終わっているという、少しの慰めとなる事実もある。

ウェールズを出て家に着いても、まだ怒りを覚えていた。不快でタチが悪くて気分も悪い。この怒りは収まらなかった。黙っているとふつふつと沸き立ち、気がつくと、未明に目が醒めるようになっていた。私は深淵を覗きすぎたのだ。悪いものが棲み着き澱となる精神の暗黒の亀裂を。今、それが私を覗き返している。

＊

ブリッジャー裁判の後、一週間ほど全身の倦怠感を引きずっていた。お気に入りのマインドフルネス瞑想である犬の散歩ですら全く効かなかった。自分の客観性に負担が掛っているのは解っている。司法心理学者としては一大事――綱渡りの足を踏み外して、次の一歩がどうなるか解らない。まだ声に出しては言えないけれど、自分のキャリアとその行方に対して疑いを抱きつつあった。私は本当に力を発揮しているのか？　本当にやりたいことは何なのか？　誰を相手に仕事をしたい？　答えはない、だけど今あるもので足掻くしかない。

その日は憂鬱な気分で病院にいた。総合病院で、男女別の急性精神病棟、それに外来のための多くのクリニックがある。複合ケア、薬物濫用や学習障害のための精神科。長年の間に、憶えていられないほどここに来た。消毒剤の臭い、慣れ親しんだ画一的な音。

実際、ここにはあまりにも来すぎていて、食堂で食べられる割りとまともなものがジャケットポテトしかないということまで知っている。だから真っ直ぐそこへ行って、トレイを取り、それをホットプレートの周囲を囲んでいるランナーに叩きつけた。

ランチタイムを外れていて、食堂にいたのは私と、ガウンとスリッパの年輩の男、それと彼の見舞客だけ。彼らから一番遠いテーブルに身体を滑り込ませる。駐車場の見える窓の隣。ただ一人で、この助成金付きのポテトと、自分の実存的危機だけを相手にしていたかったのだ。

それから出し抜けに女が私の向かいに座った。ポテトで気分が上がることは全然なかったし、直ちに思ったのは単純なこと。うっわ。どっか行け。消えろよ。誰もいないテーブルが列を成している。そのどれにも、造花のガーベラがポットに刺してあり、四脚の完璧な椅子が付いている。成型プラスチック製の椅子で、穴が開いててコネクト4のフレームそっくりのやつが。そのどれにだって座れるのに、何だってわざわざよりにもよって私に一番近い椅子にどっかと腰を降ろすのか。視線を合わせないように目を逸らす。

ここまでしてるのに、この女は全然気づかぬ体で、にっこりして言った、「ハロー」。五〇代、ライトブラウンの薄い髪はショートで、夏向きドレスで首と肩が露出している。伸縮性のシャーリングでストラップのないやつ。ブラのストラップは薄汚れて灰色っぽく、肉に食い込んで見るからに気持ち悪そう。

女はにやにやしながら言った、「ハロー、あたしルーシー」。軽く頷いて見せたが、ともかく関わりたくないという雰囲気を醸し出してみる。向こうの端の二人は立ち上がって出て行こうとしている。私もそうしようとした。だけどこいつは話し始めた。

直ぐさま、彼女は学習障害かもしれないと気づき、そのために立ち上がるのが一秒遅れた。若い頃、ママはしょっちゅう言ってたっけ、知らない人に話しかけられたら、相手にとってはそれがその日のハイライトかもしれない、たぶんその人にとってはその日の唯一の会話だから。

彼女は無害に見えたので、私は覚悟して、深呼吸して、何とか優しくしようとした。表情を整えて——これまたママが今も言ってること——彼女が喋り続ける間、その向かいに座っていた。彼女はやおら立ち上がると、回り込んで私のすぐ隣に座り、ジュエリーを見せびらかし始めた。両手にヘヴィシルヴァーがびっしり嵌っている。お香だのドリームキャッチャーだのを売ってるマーケットによくあるやつ。指の根元から先まで指輪がぎっしり。その下の皮膚は緑色で、汗に塗れているようだ。この時、その指に気づいた。左手の薬指が他より短い——先端の関節と爪のない切り株だ。

「どうしたの、指?」と私は訊ねた。個人的な質問に慣れていないわけではない。その当時は特にそうだった。たくさんの男たち相手に、自慰の習慣について訊いたりしなくてはならなかったのだ。だけどその日の私は、異常なほど馴れ馴れしかった——たぶん、社交的な会話というものに対して燃え尽きていて、その感覚を失っていたからだろう。そして彼女もまた人懐こかった。

「切り落としたのよ」と彼女は言った。

私の中にいるメンタルヘルス係が自動的にそれを自傷行為と判断し、何らかの耐えがたい感情に圧倒されたのだろうと推測した。「何でそんなことしようと思ったの？」と私は訊ねた。

特に何も、と彼女は答えた、元彼のためだったの。刑務所に入れられてね、それで手紙を寄越して言ったの、「いつも一緒にいられるようにお前の一部が欲しい」って。だから言われたとおりに指を切り落としたのよ、彼が持っていられるようにね。本当にロマンティックな人だったわ。

思い出した——この仕事を始めて間もなくの頃、刑務所で臨時代理人をしていた時に、切断された指先が見つかったのだった。あの大昔の萎びた指の持ち主はこの女だったのか？

フィリンガムという名前の受刑者の独房でそれを発見したのは刑務官のライトとアクタル。茶色くて皺だらけで、ペットショップのナチュラル・トリート売り場によくある感じ。専門的に言えば指先だけど、第一関節のすぐ下で切断されていて、長さ三センチほどの薬指か人差し指だった。爪はまだ付いていて、辛うじてピンクのマニキュアの輝きが残っていた。その色はエイヴォンのアイスト・チャムピンクを思わせた。八〇年代にティーンエイジャーだった頃の私が愛用していたもので、真珠光沢があって、ちょっと子供っぽい。

その日の朝、フィリンガムの独房の前を通り過ぎた時、彼らが狭い机の上に身を屈めているのをちらりと見た。抽斗が開いている。幾つかのもの――靴下、歯ブラシ、櫛――がベッドの上の灰色のウールの毛布の上に並べてあった。いつもの検査の手順通りのきちんとした几帳面な並べ方だ。刑務官は常に独房入口から時計回りに進む。進みながら、全ての家具の中と外を調べる。検査中、フィリンガムはボディチェックを受けてから別の房へ移されている。

アクタルは四〇代でありながら、思春期と言っても通用する顔立ちだった――その物凄い、濃い髭がなければ。ライトはアクタルよりも年下で、やたらがっしりして肩幅が広く、訓練を終えてまだ数ヶ月、呼吸が荒く、気分が悪そうだった。ネクタイをぐっと引っ張っている。安全のために制服のこの部分はクリップ留めになっていることを忘れたのかしら、と私は思った。

彼らが何をあんなに注視しているのかと思って覗き込むと、それを見せてくれた。私は言った、「指？　シーット」。雄弁な所見ではない、けどこんな成行きは想定外だった。

全員で突っ立ったまま暫く指を眺め、それから何だかよく解らないけど全員が自分の手を出して指を見た。監査でもしてるみたいに。

その指は一見したところ未開封のバッテリーのパックから出て来た。よく検査すると、実は一度開封されて入念に封じ直されていた。バッテリーの一つが中身を刳り抜かれ、その中に指が隠されていたのだ。

フィリンガムの指は全部揃っていたので、彼のものではない。だけど彼は、ものを隠し持つことにかけては所内で有名だった。一種の密輸雑貨店だ。インクが欲しければ、フィリンガムはバイロの胴体とラジオのバッテリーでタトゥーガンを作ってくれる。ポルノに密造酒（果物、砂糖、パン、その他手に入るあらゆる材料を使って所内で醸造する）、刑務心理学者が使う専門マニュアルのコピーまで、何でもござれだ。フィリンガムは仮釈放監察委員会の聴聞を受ける者たちのためにコーチングのセッションまで引き受けていたという。当然、有料だけど。

　また彼は皮膚を収集するという独特の趣味を持っていたとも聞いている。その気のある受刑者なら、相手を問わず肉の切れ端を貰って秘蔵していた。所内の自傷癖のある者全員の肉体の一部を持っていて、また彼らの一部に刃物を提供しているという疑いを持たれていた。

　アクタルは独房を封鎖し、私は自分の打ち合わせに向かい、いつもの仕事に戻った。フィリンガムはそれについて何も知らないと主張したという。いわゆる「シャギーの弁明」（「俺じゃない！」）ってやつだ＊。私の知る限り、その指の元の持ち主は不明のままで、刑務所内なのか外なのか、生きているのか死んでいるのかも判らなかった。そして今ここにルーシーがいる。病院の食堂の片隅で、私の隣に。

「あら。そうなの」と私が言うと、彼女はにっこりした。たぶん、そんなあっさり説明を受け入れてもらったことがないのだろう。

「どうやって所内の彼に届けたの？」と私は訊ねた、彼女がこの男への愛を証明するために指を切断しなければならないと感じたのが悲しかった。ロマンスを装った悲劇だ。

　面会に行く時、ラップに包んでパンティに入れて行ったのよ、と彼女は言った。看守が余所見している隙に渡したの。彼女は遠くを見つめて両肩を聳やかした。もの言いたげに。まるで何か美しい出来事を思い起こしていたかのように。

一体どうやって切ったの？　医者に行って縫って貰った？　指はどうしたんだって訊いてくる人はいなかったの？　これらの質問をする気にはなれなかった。もうそれ以上知りたくなかったのだ。人間の精神は、物語に決着を付けたがる。私にとって、少なくともあの日、つまり今から一五年前に、フィリンガムの独房で始まった物語はついにここで決着を見た。

打ち合わせの時間だ。彼女に釘付けにされていた片隅からどうにかして去ろうとした。

「ソーシャル・ワーカーがね、あたしは傷つきやすいって言うの」と彼女は言った。立ち上がろうとする私に、あたかも釈明のように。私はまたしてもあの悲しみを感じた。ルーシーは、傷つきやすいことが何か自分の罪であるかのように感じている。何故彼女に責任が？　彼女は傷つきやすいから指を失ったのではない。彼女を搾取しようとした何ものかによって、それを切り落とすことを強制されたのだ。

お会いできて楽しかったわと――嘘偽りなく――ルーシーに告げて、世の中には男なんて星の数ほどいるけれど、あなたの指は残り九本半しかないんだから、大事にしなきゃだめよと言った。彼女はそうするわと約束した。

帰りにトレイを下げ台に乗せる。古いハムサンドだの冷たいお茶のカップだのが溢れている。私はもうひとつのゴミ山も片付いたような気がした。あの日、フィリンガムが持っていたのがルーシーの指だったのかどうかは判らない。だけど、そう信じることにした。それによって謎が一つ解

＊レゲエ・ミュージシャンであるShaggyのシングルIt Wasn't Meに由来する

けたのだ。指の行方の謎だけではなく、次にどうすべきかという疑問が。

司法心理学の第一線から休息すべき時だ——性犯罪者から、そしてかくも長きに亘って感じ続けてきたこのシステムに対する幻滅から。女性を専門とするメンタルヘルス・サービスで働こう。そこならルーシーみたいな女性を助けられるだろう。私が覗き込んでいた深淵は、今や新たな地平線となりつつある。

第10章

安心安全

自分の感情を無視するのは、高いブロックを避けることではなく、ガレージから車を出さないのと同じだ。確かに安全だろう。けれども、どこにも行けない。

――ブレネー・ブラウン『立て直す力』

八歳の時、マヤは猩紅熱に罹った。ほとんどの子供にとってこのような病気の不快さは――喉は腫れ、全身が痛んだ――不愉快な記憶となっただろうが、マヤにとっては病気の体験は天啓だった。ベッドに縛り付けられた彼女は、母の看護を受けた。母は彼女がこれまで体験したことのないレベルの愛情と関心を示してくれた。父は彼女を放置した。さらに重要だったのは訪問医による治療だった。その男性は彼女にとっては「天使のよう」だった。絶対に治してあげるからねと彼は約束し、優しく彼女をベッドに入れてくれた。それまでそんなふうにしてくれた人は誰もいなかったのだ。

彼女の父はギャンブラーで大酒呑みだった。夕方の六時までに家にいなければ、パブに繰り出して夜中過ぎまで騒いでいる。時には、帰宅すると子供たちを一列に並ばせ――全部で六人、末っ子をベッドから引きずり出して――一人一人殴っていく。通常は腹パン、それを見て子供たちは次は自分の番だと覚悟する。一度はマヤの顔面を強打して、前歯を吹っ飛ばしたこともある。その傷痕は成人後も顔に認められるほどで、繊維組織に明るい裂け目が鼻から唇へ走っている。

一度、彼は煮立った米の鍋を彼女の母親の頭に注ぎかけた。カネを渡すのをせびったからだ。また、飼っていた猫が産んだばかりの一腹の仔猫たちを風呂に沈め、マヤときょうだいたちに見せつけたこともある。

純然たる恐怖による支配だった。虐待の劇場を愉悦する男が揮う酷薄な暴力。ほとんどの子供たちにとっては手足を折ったり、あるいは単に自転車で転倒するだけでも大きな人生のイベントだ。痛い目に遭ったというだけで、終生憶えていたりする。マヤの父は、彼女が子供時代の大部分を恐怖と苦痛の中で過すよう図っていた。

彼女が幸せや安全を感じた憶えはほとんど無い。警官は定期的に家に来ていて、とある警官は彼女を毛布で包み、これからきっと良くなるからと約束したが、二度と顔を見せることはなかった。母ときょうだいたちと共に避難所に逃げ込み、そこで友達ができたこともある。アン。彼女はアンと連絡を取り続けることを願った、そんな友達は今までいなかったから。けれども父に発見され、あっと言う間に生活はお馴染みの悲しみに覆われた。

＊

病院の食堂でルーシーと会った後の最初の仕事だった。私は個人営業を縮小し、ついには辞めてしまった。数週間後、女性のためのリカバリー・ホスピタルのプライベート・グループで、心理相談員の仕事を始めた。設備はどれもこれも小さくて質素で、慎ましいものだった。古い街役場を改装したもので、富裕なノース・マンチェスター郊外の緑の多い住宅街にひっそり建っている。重度の精神病を患う女たちが時間を過し、再び順応した上で日常生活に復帰するための場所だ。ちょうど六床。このような環境で成し遂げようとしていることに関して高い希望を抱いていた。とても友好的で自然に感じられた――家具が固定され、直ぐ傍に刑務所から来たとすぐ解る警備員が立っている部屋だの、不毛な隔離病院や病棟での診察だのからは程遠い。この病院のドアはオートで閉るが、それは危険を入れないためのものであり、患者を出さないためのものではない。

そんなわけで、この病院への新参者について聞いた時、私の心は沈んだ。朝の引き継ぎの際、看護管理者が言ったのだ、新しい入所者のマヤは「色情狂」と診断され、ストーキングの既往歴があると。私自身が意に添わぬ相手の標的とされてしまった体験は以前として生々しく、直ちに彼女を相手にすることに不安を感じた。私にとってストーカーを相手にするのはエボラウィルスを扱うようなものだ。どうすれば彼女との間にラポールを構築するだけの客観性を獲得できる？　だがそれでも、個人的な不安はさておき、私の中のプロフェッショナルな部分は好奇心を抱いてもいた。私の思考はその段階では既に厳密な診断名というものからは大きく外れていたが、色情狂というのはかなり珍しくて、マヤにとってそれがどういう意味なのかを知りたかった。

「色情狂 erotomania」という単語は今日の用語法においてはますますヴィクトリア朝的な響きを持つものとなっている。だが実際にはその概念は何百年も前から医学書に存在していながら、厳密な定義はなされていなかった。精神医学の先駆者たちによってさまざまな意味づけがされ、また修正もされてきたのだ（例えばジークムント・フロイトはこの用語を、ホモセクシュアルな衝動を抑圧する手段であると示唆した）。現在の用法では、とあるフランスの精神分析医――G・G・ド・クレランボー――が最初に宣言した症候群を指している。彼が診察した女性患者は、バッキンガム宮殿の外に何時間も立ち続けるという症状を呈していた。国王ジョージがカーテンを動かすことで彼女に恋心を伝えていると信じ込んでいたのだ。一九四二年、彼の優れた論文「恋愛精神病《レ・プシコーズ・パスィヨネル》」が発表され、この現象は「ド・クレランボー症候群」として広く知られるようになった。そしてDSM第四版では、それに代わって「色情狂」が妄想性障害の一種として記載された。

つまり色情狂というのは簡単に言えば恋愛妄想だ。その患者は、標的が——ほとんどの場合、自分よりも高い社会的地位にいる年上の人物——情熱的かつ不変の恋心を自分に対して抱いているという誤った信念を抱く。だが当の標的の方はしばしば、この妄想に取り憑かれた人物とはほとんど、あるいは全く接点がない。この診断名が与えられるのは男性よりも女性が多いが、男性もまた全く無関心とは言わぬまでも、何とも思われていない女に懸想したりする。

色情狂はまた一九世紀初頭には「老嬢狂《オールド・メイズ・インサニティ》」などと呼ばれた。一定の年齢以上の女性に夫がいないことがあまりにも悲惨と見なされていたので、それによって彼女は恋愛ヒステリーの状態に陥ると考えられたのだ（誰が考え出した言葉か知らないが、まず間違いなく老嬢ではなかろう）。私はずっとこの病名の皮肉を楽しんできた。今や男性の方が高齢独身の状態に苦しむ傾向があることを知っているから——若死にしたり、認知症のような変性疾患に罹ったりしやすいのだ。

色情狂と診断された人が、相手が自分を欲しているという信念を「確立」すると、その空想上の恋愛に応えようとする。相手の家の玄関に花を置くというものから、標的に応えて貰うためにもっとあからさまな告白に至る場合もある。たいていの場合、色情狂の人の告白は拒絶されるが、すると当人はその肘鉄に対する適当な理由をでっち上げ、標的は本心では自分のことを好きなのだと信じ続ける。外的な力、例えば誰かの配偶者が邪魔をしているという結論に至るのが普通だ。

私が相談を受けたとある男性は、自分が愛情を向けている標的の夫が彼女を監禁しており、彼女はいわゆるストックホルム症候群（人質が誘拐犯に対して奇妙な感情的執着を抱く症状）の状態にあるに違いないと信じ込んでいた。夫の許から逃げようと提案しても拒絶されるのはそれが理由としか考えられない、だから正式に彼女に診断名を与えて欲しいのです、と言うのである。また、西部劇風のWANTEDのポスターを作って村中に貼り出し、彼女を捕えている家族の逮捕に至るような情報を求めた。彼は後に保安官の出立で、ミニチュア・シェトランドポニーを連れて裁判所に現れた（が、入口のセキュリティ・チェックに引っかかってしまった）。この時、保安官を手伝うことはできなかったが、正直そうしたかった気持ちはある。

＊

マヤは先ず、ティーンエイジャーの頃にGPの診療所の周りを彷徨き始め、予約もないのに放課後に待合室に居着くようになった。一六歳の時、GPの一人であるキング医師にカードや手紙を書き、彼に対する永遠の愛を表明するようになった。当初は微笑ましいことのように思われたが、彼女の献身はティーンエイジ特有の心酔では止らなかった。やがて診療所の外で出待ちするようになり、さらに家まで尾けていくこともしばしばあった。

マヤの行動は徐々にエスカレートし、愛を受け入れてくれなければ自分とキング医師を傷付けると脅迫するまでになった。彼が自分のものにならないのなら手首を切り、道路に寝転んで自殺すると脅した。

　それからとある午後、彼が患者を診ている間、診察室の外で待っていて、予約診療を終えた彼がドアを開けると無理矢理室内に分け入り、鍵を掛けて医師と二人きりになった。キング医師は机上の電話に手を伸して受付を呼び、幸運にも看護師が外からドアを開けたが、マヤは彼女を入れまいと揉み合いになり、叫び声を挙げた。キング医師がドアを開けようとすると、マヤは彼を診察台の上に押し倒して上に乗っかった。ただ傍にいたかっただけなの、と彼女は言った。不器用な茶番とも思える話だが、施錠された部屋で意に反して上に乗っかられた人からすれば、軽々しく笑い飛ばせる出来事ではない。

　精神分析医のフランク・タリスが著書 *The incurable Romantic: And Other Unsettling Revelations* で述べているように、「愛」の名の下に愚かしい行動を採る人を見ることには悪趣味な愉悦がある(1)。だが「失恋者を嘲る時、われわれは偽善者もしくは自動人形になっている。恋愛している時、愚かな振る舞いを――あるいは、少なくとも明らかに本来の自分とは異なる振る舞いを――しなかった者がいるだろうか？」。その通り。だがマヤの執着は、単にウザいウザくないといった次元を遙かに超越していた。キング医師の妻と子を殺すという手書きの脅迫状を彼の家に配達し始めるに及んで、彼女は逮捕され、身柄は精神病院の管轄下に入った。マヤは彼とその家族に恐ろしい試練をもたらしたのだ。

＊

それから二〇年間、マヤは隔離病院から隔離病院へと渡り歩いた。施錠された精神病棟に住み、徐々に高度隔離から中度へ、そして低度へと移った。

彼女の膨大なファイルの報告書を見ると、医師に対する執着を棄てていないことが解った。報告書にはほとんど常に彼女が魅了された心理学者、精神科医、あるいは看護師が出て来た。確かに気まぐれで、その執着はプロフェッショナルからプロフェッショナルへと移ろってはいたが。ある報告書によれば彼女は「セラピーに来たがるが、来るとどっちつかずで、ひたすら愛の告白に終始する」。どうやら長年の間、次々に彼女の担当になった心理学者と同じ部屋にいることには熱心だが、実際にそうなるとほとんど何も言わず、ただ延々と愛の告白を繰り返してきたらしい。

二〇年近くに亘ってキング医師はずっと執着の対象であり続けた――診療所での症状以来、彼女はずっと彼に手紙を書き続けていた。当然発送されることはなかったが。その手紙は彼女のファイルに保管されていた。眼を通すと、最初の方の手紙から解るのは、彼女が純然たる苦悩の状態にある人間だったということ。それらは長く強烈な手書き文字の紙束で、彼女の苦悩を正確かつ痛々しいまでに詳細に書き記していた。そして彼女と生涯の恋人、つまり運命の人とが離れればなれにならなければならないことに対する憤激を。

彼女の初期の病状に関する病院の報告書によれば、愛の障害を除去するために彼の妻を殺せ、というキング医師の声が聞えたという。最終的に一緒になるためなら、彼にナイフの切っ先を突きつけて人質に取ることも辞さないとも述べた。拒絶されたと思い込んだ絶望のどん底で、彼女は自らを刺し、顔に深い切り傷を入れ、手許にあった鋭いものを見境なく身体に突き刺した。

時間の経過と共に低度の病棟に移るにつれて、手紙の頻度は落ち、その内容も素っ気なくあっさりしたものになっていった。「愛していることをお伝えしたい。あなたのためなら何でもします」という言葉をただ繰り返すだけの薄っぺらいものに。まるでとっくの昔に輝きを失った関係に対するリップサービスのように、それを書くことがその日のTODOリストに記された仕事であるかのように。最終的に手紙は止り、私が彼女と会った時点ではもはや何年もキング医師に手紙を書いていなかった。

今や彼女は私と同い年――四〇歳、人生が始まる時、とグリーティングカードには書いてある――これが「現実」の生活に移る前の最後の入院になることを願いたい。

マヤにとっては、状況はポジティヴに見える。

＊

だが実際に会ってみてすぐに判ったことだが、彼女は病院の壁の中というオアシスを出て自分の生活を築くことにさほど熱心ではなかった。

ケアチーム（私、精神科医、作業療法士、当日担当の看護師）との最初の面談中、彼女はただ座って、自分には回復の見込みがないと告げた。「やることは全部やったんです」と彼女は言った。「何をやっても良くなりませんでした」。

これからことを始めようとする時に、まさに敗北主義者の態度だ。目の前の活発で明るい顔の女性に見入った。あり得ないほどの白い歯は、現実のものとしては完璧すぎると思ったら、差し歯だった。完璧に真っ直ぐな義歯のラインは彼女の口には少し大きすぎ、総体的なインパクトを強めている。着た切り雀の厚手の黄色いジャンパーは体型を隠し、話している時には態と効果的に黒髪を耳の後ろに掛け、爪は全部色違い。両手に赤いヘナダイの入り組んだ渦巻き。実に色とりどりな人だ。

「良くなる」とは？ と私は訊ねた。どうやって判りますか、どんな感じですか？ 彼女は答えられなかった。自分は危いやつなんです、と彼女は告げた。ド・クレランボー症候群で、しかも「治療抵抗性」なんです。彼女はあらゆる専門用語を知っており、自分が治療不可能な状態であると信じ込んでいることに強い印象を受けた。今やそれこそが彼女のアイデンティティになっているようだ。自己認識というよりも、好きな刑期に自分を監禁しておく行為のように見えた。

さらに、いまだにキング医師の妻を殺せという彼の声が聞えるのだという。曰く、「そうすれば一緒になれる、そればかり言うの」。

それを聞くと嫌な感じがしますかと訊ねると、何の感情も交えずに答えた、はい、恐ろしいです、げっそりします、拷問のようです。これはいわゆる「情動鈍麻」かもしれない。長期に亘る精神障害、そしてしばしば処方された薬物の結果として感情が平坦化することだ。彼女は肩を竦めて私を見た。マヤは本当に口で言うほど困難な状態にあるのかしらと私は思った。

面談の後、私たちは全員、マヤから同じ短いメモを貰った。エレガントな丸い書体。私たちチームは皆「完璧で、神様みたいでした」とのこと。私たちを愛しているし、私たちのためなら何でもすると。

＊

この病院のように小さな環境で患者たちを相手にすることの利点は、自由自在な心理学を実践できることだ。患者数が少ないので全然組織化とかされていないし、手順重視でもない。これまで勤めてきた人口密度の高いところみたいな仕来りだのルーティンだのに縛られていない。ハレルヤ。私には時間もリソースもあり、好きなように心理学を使う自治権もある。特定の治療スタイルやマニュアル化されたプログラム、集団時間割などに奴隷みたいに縛られることはない。そこの女性たちが必要としているサポートのレベルに応じて彼女らと時間を過すことができる。週に一度の決められた一時間、それ以上でも以下でもない、というのではなく。私たちのやっている治療は各人に意味のあるようなお誂えだ。私は心理学を日常生活の中に、私たちのすること為すこと全てに組み込むべきだと信じている。だから私はオープンドア・ポリシーを守り、苦しむ患者はいつでも大歓迎。職員たちも同様。書類の記入や監査といった要素もまだ当然あるが、それが患者のケアより優先されることはない。

それでも私のオープンドアを活用しない人が一人いる。というか、この病院で提供されるあらゆるものを。マヤは地元のヒアリング・ヴォイス・グループへの招待を断った。彼女の言う「キング医師の妻を殺せという命令」への対処に役立つかもしれない小人数のサポート・グループなのだが。予定されている一対一の面談に現れないこともしばしばだった。私たちは幻聴に悩まされている人のために、新しい形の治療法のトライアルを開始していて、幾つかの素晴らしい成果を上げつつあった。それを試してみるかとマヤに問うたが、やらないという――キング医師の声が聞えなくなったら寂しいからと。過去にも、幻聴を聴く人から同じ台詞を聞かされたことがある。だけど以前の彼女はそれが聞えることの苦悩を訴えていたのだから、全然理屈に合わない。道理もなければ筋道もない（まあ、そもそも恋愛ってそんなものだけど）。

マヤは私とのワークの誘いを全て断り、こう言った、「あなたは心理学者なのだから、あそこの人です」――と、天を指し――「そしてあたしはここの人」――と、床を指した。あなたがこれまでの人生をずっと本を読んで過してきて、たぶん寝る必要もないんだ、少なくとも間違いなくトイレは使わない、と想像するのが好きなの、と彼女は言った。そしてあなたとのワークは嫌だけど、あなたを愛してるってことは解って欲しいの、と。実際、彼女は病院の職員のためなら何でもすると繰り返し言った。そう言いながら、実際の治療は忌避することに全力を尽した。愛のためなら何でもすると言いながら、それはしないのだ。

もうマヤには他の患者のように予約を守れと言わないと決めた。その代り、病院のあちこちで彼女と「鉢合わせ」しようと。これほど狭い場所では、難しいことではない。私はステルスモードの心理学者となった。私の願いは自分の役割に着せられたフォーマルな衣装――静かな部屋とメモ帳、コーヒーテーブルを挟んだ、オープンだが懸念を含んだ眼差し――を取っ払うことで、彼女が私を自分と同じ人間だと見なしてくれることだ、神として崇めるのではなく。

ある時、トイレから出て来た私は、全くの偶然で彼女と鉢合わせした。浮薄な気分になった私は、つい「あなたなら二、三分で済んだかもだけど」と口を滑らせた。こんなテクニックはどんな心理学の教科書にも出て来ない。だけど私はむしろ、自分の異端的な天才が嬉しかった——私はただの人間で、ちゃんと身体機能があることを示し、彼女が設定した台の上から降りる機会を窺っていたのだ。心理学者の下品なトイレギャグを聞いて彼女が鼻白むなら、望むところだ。私はこのプロの医療者の理想像を破壊しようと決意していたのだ。

他の患者たちのほとんどは日中は散歩や旅行に出掛けたりワークや予約診療に来たりするが、マヤは外へ出たがらなかった。共用ラウンジでTVを見ている。いつもアメリカのシットコムをやっていた。彼女は家族ものが好きだった。録音の笑い声が入って子供が気の利いた軽口をいうやつ。シットコムに、感傷的なTV映画に、それからトム・ハンクスの出てるやつなら何でも。彼女はトム・ハンクスが好きだった。親切で、威嚇的でなく、いつもにこにこしてるトム・ハンクスが。

ある朝、共用ラウンジで彼女を見かけた。またしてもTVを見ている。私が来るとは思っていなかったようだ。隣に座って、半分番組を見ながら半分お喋りした。でかいセントバーナード犬が出て来て、彼女は犬が好きと言ったので、うちにいる二匹の写真を見せた。いわゆる「適切な自己開示」だ。心理学者は一般に、個人情報を患者に明かすことはない。だけどももしも安全で役に立つと思えるなら、自分の一部を開示するのは有益な道具になる。私は自分の家族や人間関係について誰にも話さないし、特にマヤの病歴を見る限り、ほんの僅かの個人情報も洩らすべきではない。だけどうちの犬は安全で有力な話題だし、地均し機としては最高だ。何だかんだで犬が嫌いな人なんているか？　マヤにフォズチョップスを見せた。耳に三角のクリームチーズをくっつけているやつ。彼女は大笑いした——数秒間我を忘れて大喜びしていた。私の完璧なまでの不完全な生活の一齣を垣間見て。

こんな感じで、機会がある度に座ってお喋りした。そのお陰で彼女が理解できるようになってきた。ゆっくりと彼女の診断名のヴェールを捲り、その下にあるものを見た。マヤとのお喋りは、心理学者としての一番のお気に入り体験だ。信頼を築く、それも斯くあるべしと思えるやり方で。老嬢同士。

私からのプレッシャーがなくなると、彼女はどんどん秘密を打ち明けるようになった。彼女は多くのやり方で自分を曝け出した、特に良き友人として。彼女が私と仲良くなるにつれ、私もまた彼女に温かく接するようになった。厄介な患者だろうと恐れていたストーカーは、とても愉快で賢いということが解った。キング医師の目が好きなの、と彼女は言った。どうしてと訊くと、「フットボーラーの目」だからと。意味解んないと言うと、彼女は答えた、そうね、違う方向を見てるのよ、一つは「ホームでプレイしていて、もうひとつはアウェイで」。キング医師の話題をわざわざ出したことはないけれど、この説明は面白かった。二人で愉快な本のタイトルを考えた。アイリーン・ベント著『腰痛』とか、マット・アドア著『闘牛技法』とか。彼女はラジオでテリー・ウォーガンが似たようなことをしているのを聞いたことがあって、その馬鹿馬鹿しさを愛していた。その合間に、過去と家族について話してくれた。それと、父に関する全てを。私は彼女のことが好きになっていた。彼女は聡明で、世の中に貢献できるものがたくさんある。

彼女と共に過した時間はまた、ストーカー男に対する私の態度をほんの少し——ほんの少しだけ——柔らげてくれた。私はバランスを取り戻しつつあった。患者とセラピストの関係は二車線道路だ。*治療する相手から心理学者が受ける恩恵については滅多に語られることはないが、それは確かに起る。

だけど、マヤの回復について私が抱いた希望と楽観の感覚は、ほとんどの場合、叩き潰された。彼女はずっと行き詰まったままだった。一人で病院を出たり、他の患者のように病院職員と一緒に外出することすら嫌がった。躊躇いながらも外の世界に足を踏み出し、自分のための新しい人生を想像し始めたと感じた時点で、現実世界へ遠出することを仄めかすと、忽ち引き籠もるのだ。そしていつも返事は同じ、「ノーノー、あたし病気。病気だから」。もしも無理強いすると、「ノー、あたし危ないから。キング先生に奥さん殺せって言われてるし」。一度か二度、自分を掻き毟り、そして一度はCDを使って顔面に浅いながらもはっきりした線を入れた。

ある日、私はマヤに訊ねた、もしここにいられなくなったら行くところ、完璧な場所ってどんな感じ？　彼女は言った、それは長い病院の廊下で、全く何も無いけど両側にドアがある。この廊下をうろうろして、どこでも好きなドアを開けられる。どの部屋にもお医者さんがいて、好きなだけ一緒にいられる。食べ物をくれて、世話して貰える。夜になると、ベッドに入れてくれる。

病院を基盤とするユートピアに関するこの酷いヴィジョンを聞いて、私はジョン伯父さんのカナリアを思い出した。生涯を鳥籠の中で過し、そこにいることを好んでいた。ドアが開いていたとしてもだ。

*互恵的関係

数年前にこれに似たものを見たことがある。メンタルヘルス法廷で証言するために東北の中度隔離病棟を訪ねたときだ。古き良き療養所スタイルの場所で、輝くような煉瓦と長くて高い窓、立木の並んだ曲がりくねったドライヴは、ブロンテの小説への入口のようだった。

私はメンタルヘルス管理者と二人の秘書と共に事務所で待つように言われていた。窓からは喫煙エリアのある砂利で覆われた醜い中庭と、でかい鉄門が見えた。

待っていると、窓から見える薄いグレーの空が突如として不吉な灰のようになり、鋭い雷鳴が轟いた。大嵐。全員が窓辺に集まって真っ暗な空を眺めた。すると眼下に、数人の患者がペンギンみたいに喫煙エリアに集まって、大急ぎで煙草を喫っているのが見えた。手で煙草を覆って濡らすまいと必死だ。

するとさらに烈しい雷鳴が轟き、私たちは全員、本能的に空を見上げ、稲妻を見ようとした。だけど稲妻はない。あの轟音は風が鉄門に吹き付けてチェーンロックを断ち切り、門を破った音だったのだ。突然門が開き、下の喫煙者たちは数フィートも歩けばあっさり外に出られる状況だった。

患者の一人がそれに向かって走った――長身痩躯で大股の男。そこから彼の顔は見えなかったが、青いウールのボブルハットを被っている。私はその帽子が凄いスピードで入口に向かうのを見守った。その姿が中距離にズームアウトすることを予期しながら。だが彼は門の少し手前で止ってしまった。そのまま数歩さがり、躊躇いがちに一歩進み、優柔不断に腕を振り回した。ジョン伯父さんのカナリアのように。

他の患者は皆、中に駆け込み、一人の看護師が入口に立って、逃げそうな男を呼んでいる。彼は数秒間、突っ立ったまま門を見詰めていた。今や土砂降りだ。彼は踵を返して中に駆け込んだ。患者たちが私たちの待合室をぞろぞろと通り過ぎる時、私たちは義務のように外のアルマゲドン的なゲリラ豪雨にコメントした。帽子の男は濡れ鼠になっている。

「見てくれよ！　外はどしゃどしゃのぶりぶりだぜ」。彼は両腕を広げた。「俺は逃げてない。今日はな。この天気じゃな」。

私は頭を振って言った、「ノォオオ、風邪引いて死んじゃうわよ！」

「解ってるさ」と彼は言った。「ここにいた方がましだ。ここは糞穴だが、少なくともマシな紅茶がある」。

何たる英国人か、と私は思った。

*

代診の精神科医が一週間だけ病院に来ることになって、マヤは彼に会う前から恋文を送り、「愛していコす、あなたのためなら何でもします」と宣言した。私たちとは違い、彼はこの手紙に激怒した。これを境域侵犯と見なした彼は、それは受け入れられないという明白なメッセージと共に突き返した。

マヤは私のオフィスに来て――ついに――椅子に崩れ落ちた。彼女は言った、「でも彼はあたしのお医者さんなんだから、あたしの世話をするのが仕事よね」。その種の特権意識のようなものが、そのむっつりした顔にありありと書かれている。

ええ、確かにあなたの投薬をきちんと処方するのが彼の仕事だけど、それは単なる仕事であって、彼は明らかに個人的にはあなたの手紙に怒ってるわよ、と私は説明した。彼女は暫く考えて、宣言した。「病気は人を我儘にする」。

病気なの？　それとも単に安心感が欲しいだけ？　私はそう訊ねた、というのもある意味、私がその病院で働いていた理由もそれと同じだったから——安心感、安全な避難所。安心感を求めるのは当たり前ね、と私は言った。実際、彼女にはそうする資格がある。だがそのために他人に危機感を覚えさせて良いわけではない。

彼女は僅かに頷き、言った、「あたしは本当にお医者さんが好き、だけどもしお医者さんに求められたら、さっさと逃げるわ。お医者さんはあたしなんて見ちゃいけない。あたしなんかには似合わない。ただ世話をしてほしいだけ」。

その日、マヤが私のオフィスを出た後、彼女は自傷せず、人を脅迫せず、キング医師に言及することもなかった。この時私は、マヤが良くなっていること、暫く前からそうだったと確信した。全てを貪り尽す恋愛という幻想はとっくの昔に霧消して、単なる楽しい空想、自分が世話されていることを確認するための呪文となっていたのだ。

＊

医師はマヤにとって、単なる治療者ではなかった。大昔に彼女の許に来た医師は、彼女をベッドに寝かすという単純な行為によって彼女が父親から受けることのできなかった愛とケアの片鱗を与えたのだ。キング医師は彼女の求愛を拒絶したが、それでも彼女を救っていたのだ。彼への心酔ゆえに彼女は拘留され、実家の危険から救われることとなった。そして今、生涯を施設で過した彼女にとっては、自分自身で責任を引き受け、病院と医師の安心安全を棄て去ることは、考えただけで恐ろしいのだ。「病気」で居続けるよりも遙かに、恐ろしいのだ。

子供時代の虐待から長い時を経ても、安心感を得たいという基本的欲求はマヤの「病気」というアイデンティティを堅持させた。ボブルハットの男のように、マヤは自由に向かって躊躇いがちに踏み出そうとした。私の所へ来て、私を自分と同じ人間として受け入れたことは大きな前進だった。そして依然として彼女は門を通り抜ける覚悟ができていない。安全な病院内に留まる理由を探し、彼女を外の世界に連れ出す助けを拒絶している。けれどセラピーとはこんなもの——一歩前進、一歩後退。それでも進み続けなければならない。

心理学で言う「病人の役割」の誘惑と尊厳は複雑だ。メンタルヘルスのプロは昔から、病人の中には病気であることがそうでないことに優る人間がいるということに気づいていた。私自身、刑務所にも似たような事例を見ている。

自由を当然と考える私たちにとっては、自分自身のための自由を望まない人は信じられないだろう。だがある者にとってのプライバシーと独立は、他の者にとっては孤立と不安として感じられたりする。外の世界での生活が苛酷で不安定に感じられる時、精神病院はケアと聖域を提供する。そして傍目にはとても落ち着ける場所には見えなくとも、長く居続ければそこは自分の家になるし、家族にすらなる。

前進できるほどの強さを自覚するためには、自分のためのより良い生活を想い描くことができねばならない。到達可能な、現在よりもましな生活だ。治療者として、心理学者にできるのはそれがどのようなものかを示すことだけ。灯りを灯し、彼らをトンネルの終点まで連れて行くことはできる。だけどそこから先へ踏み出させることはできないのだ。ある人にとって、光は眩しすぎるから。

第11章

部分の総和

全体は部分の総和より大きくなる。
——アリストテレス

女性専用精神病院として生まれ変わる前、私がジーンを診ていたスタッコ仕上げのそのヴィクトリア風邸宅はBBだった。時々、今も並木道の長いドライヴを歩いて来てドアをノックし、空き部屋はありますかと訊く人がいる。もし彼らを快く迎え入れたら、トリップアドヴァイザーのレヴューはどうなっていただろうか、想像すると楽しい。

それは私がマヤを診ていた、女性のための小さくて親しみやすい回復センターと同じ系列のもので、今も暫く前から仕事をしている。同じ系列の他のセンターと同様、病院というより家の感じ。古臭いアナグリプタ壁紙が古いペンキや毛羽だった絨毯、黒くて黴臭い花柄のカーテンなどの層の下に隠されている。『ワールド・オヴ・インテリアズ』じゃないけれど、入所者が寛げる一助になっている。まるで巨大なニットのティーポットカバーの内側に住んでいるみたいに。この色褪せた荘厳の中での実践は私たち職員にとってはあまり楽しいものではないけれど。私のオフィスの古えの暖房システムは冷蔵庫か熱帯かの二者択一で、しかも防火法規のためにドアを開けっぱなしにできないし、どの窓にも当然のように格子が嵌っていて開けられないから、状況はさらに苛酷だ。

ここには寝室が九室あって、入所者は一九歳から六〇歳まで。全員女性で、複雑なメンタルヘルス上の問題を抱えている。内容は多種多様で、脅迫的な幻聴、薬物による記憶障害、さらにもともとは華々しいキャリアの持ち主だったのに、肌を洗ったり弄くったりせずにはいられないという強迫観念に取り憑かれた者もいる。入所のための厳格な基準がないというのが気に入った。この女たちを縛る典型的な物語は何もない。ただ、私たちが彼女らを助けられるという共通の信念だけだ。この場所は暖かさと共感に満ち満ちている。実際、これまで働いてきたあらゆる病院の中で、その志とケアの基準という点では抜きん出ている。だけど、これほど家庭的で親切な環境でも、共感には条件と利害関係通告が不可欠だと気づかされた。

ジーンは高速道路の橋から身投げしようとしていたところを警察に発見されたという。NHS病院の急性病棟に担ぎ込まれ、私は彼女が今の施設に入れられるほどの安定性があるか否かの査定を求められた。ジーンは過去数週間に亘ってあれやこれやの方法で自殺を試みてきたことが判った。報告書はligaturedという言葉を使っていて（人が首を吊ったり自分の首を絞めた際に用いられる言葉）、また自傷行為をした日付を列記していた。ある時には、ワードローブのドアの裏に毛布で自分を縛り付け、意識不明になっていたところを発見された。また別の時には、コーク缶のぎざぎざのエッジで手首を掻き切ろうとした。片腕には、ガラス片でbadと刻まれている。助けが必要だという明白なシグナルだ。

ジーンの書類によれば、彼女は一〇代後半と成人直後の大半を精神科に出入りして過していた。けれどもまた長い期間、一見したところではごく普通の暮しをしていたこともある――結婚して二人の子供を育てられるほどの期間だ。今や四〇代だが、夫の浮気に気づき、残酷にも愛人と暮らすから出て行けと言われて、おかしくなり始めた。

最初に気づいたのはジーンのこの世のものならざるオーラだ。彼女はしばしば、大きな雲を呑み込んでふわふわ漂っているかのように見えた。その巨大な肥満体ゆえに、雰囲気はさらに異様に見えた。身長は五フィート一〇、横幅もほぼ同じくらい。銀髪に赤ら顔、独力で畑の一つも耕せそう。ゆっくりとした明るくて繊細な声で話すとき、青いビーズの紐をぎゅっと握り締めている。自分に何が起きているのか理解したくて、自分が陥っている自己破壊のパターンから脱却したくてたまらないの、と彼女は説明した。今の状況から抜け出そうと必死だった。今感じている全ての混乱と罪悪感から、次に来るものへの恐れから。ジーンを治療して、状況を逆転できると確信した。

けれども、ジーンを私たちの混淆的なグループに入れようという私の情熱は、同僚たちには解って貰えなかった。ジーンに下された診断名は、メンタルヘルスの職員によって様々に、しばしば軽蔑的に解釈されるものだったのだ。「境界性パーソナリティ障害」(BPD、別名「情緒不安定パーソナリティ障害」)。

まず第一に、BPDの診断基準は症状や障害の一覧というよりも、前科記録のように感じられる。自傷行為や自暴自棄的行動全般(危険な性行為、激怒、薬物使用など)は大きな指標で、暴力的な気分変動、他者に対する偏執狂的な不信などもある。一方でBPDと関連づけられる性格とパーソナリティの特徴は、そのまま嫌われ者の特徴を集めた決定版リストにも見える。怒りっぽく、自己破壊的で、粘着質で、突拍子もなく、周囲の人にとっては甚だウザいという人物。彼らをケアする人々の間にすら、このような不釣り合いに女性に多い集団を、人を操ったり注目を集めたがると見なす傾向がある。「ドラマクイーン」という用語はたぶん――不当にも――BPDのレッテルを貼られた人を言い表すための造語だ。*

ひとつ確かなのは、この病名を付けられた人が何をどうしようと、それが楽しくてやっているということはないし、面白半分に人を怒らせようとしているわけでもないということだ。だが「パーソナリティ障害」という用語は本質的に非難めいている。診断しながら指を振っているのと同じことだ。** これらの人々は痛め付けられてきた。彼らを障害と呼ぶことは、彼らの人格、最も深いところにある核の部分が片意地に、回復不能に傷ついているかのように聞える。

数日後、ジーンが病院に到着した時、私は何かが違うのを感じた。当然ながら不安げだ。けれども職員と全く打ち解けず、話す時にはその声はさらに高く、鼻に掛り、子供っぽくなっていた。さらに服装はピンクのジーンズにポニーの描かれたピンクのトップ――九歳の女の子が選びそうな服装だ。彼女は病院のラウンジのソファに根を生やし、持ち込んだ縫いぐるみの玩具で周囲を取り囲んでいる。その一つはでかい猫で、ジーン同様に入所者然としている。片眼に眼帯、耳は不釣り合いで、絵本に出て来るカワイイ野良猫という感じ。ある時点で中身を詰め直す必要があった。抱きしめられすぎて消滅しそうになっていたからだ。

普段は心優しき二人の看護師が、到着した彼女を見て互いに目を剝いていた。「さあ行くぞ《ヒア・ウィ・ゴー》」と

*自己をドラマ化するヒステリックな人物。もとはゲイ間の用語
**軽蔑を示す動作

でも言わんばかりに。プロフェッショナルの注目を集める前から、既にジーンの見本帳にはどでかいＢＰＤの形をした染みが付いていた。これらの献身的な看護師の目から見てすら、彼女は既に厄介な、たぶん手の施しようのない奴というレッテルを貼られていた。まだ初めてドアを潜ったばかりだというのに。*

私の心痛の理由はそれだけではない。病院の急性病棟で初めてこのふわふわした女と出会った途端に、私は彼女の病状が、それでなくても手広く矢鱈めったら詰め込まれたＢＰＤのカテゴリにすら上手く当て嵌まっていないということにに気づいた。もしもジーンに何らかのレッテルを貼り付けるとしたら、それは少なくとも、彼女の病状をもっと正確に記述するものでなければならない。彼女の苦境は、いわゆる「解離性同一障害」（ＤＩＤ）[1]に近いものだった。

ＤＩＤはかつては「多重人格」と呼ばれていたが、その診断を受ける人は実際には人格は一つしかない。だがその一つの人格を、明確に異なる別々の部分として体験するのだ。彼らの人格の異なる部分の転換は、ある場合にはとても微妙で、単なる癖や声調の変化に留まることもあるし、もっとあからさまなものとなる場合もある。もう肉体的に別人のように感じられる人、むしろ性別まで変わる人、あるいは「通常の」自己にはないスキルや習慣を示す人もいる。またその転換に本人は全く気づいておらず、それが起っている間の記憶がなくなるという場合もある。別の場所に移動して、何故そんなところにいるのか思い出せないとか。ジーンの報告書によれば、そんなことが良くあったらしい。街の反対側の出鱈目な場所で発見され、どうやってそこへ言ったのか見当も付かないのだ。当然、それに伴う自分が自分でない感じや無力感は恐ろしいほどで、それでなくても複雑に縺れた感情のトラウマの結び目に、さらに別の糸を追加している。何より、ＤＩＤの症状は子供の頃の重度の肉体的・性的虐待の結果なのだ――後で解ることだが、ジーンは幼い少女時代に極めて苛酷な虐待に耐えていた。

子供のころ、彼女は児童虐待の絶望的な恐怖に対処するため、自分自身を切り離して外に「漂い出る」ことを憶えた。当時の記憶は断片的で――通常は招かれざる――他我《オルターエゴ》の形で顕れる。つまりピンクの服や縫いぐるみなどだ――それらは物理的な小道具であり、彼女の別の自己の大切な所有物なのだ。これらの人格は時の彼方に置き去りにされ、閉込められた彼女の記憶と感情の具現化に、それ自身の名前を与えられたものなのだ。

＊

私たちは週二度のセラピー・セッションを開始し、通常は彼女はそれに全力投球していた。私は、彼女が自分の身に起きた出来事というコンテクストにおいて自らの苦悩を理解するのを手伝いたいと願い、自傷の頻度を減らすこと、とりわけそれが致命的なものにならないようにすることを目指した。私と彼女とで、彼女の物語のピースを組み始めた。

たいていの場合、彼女はジーンとして私と話していたが、時に別の人格が出て来ることもあった。彼女は強烈な肉体的フラッシュバックを体験した。息が詰まり、嘔吐することもあった。私がこれ

＊英国の若者の集団、特にサッカーの応援団が互いを励まし、他人を「びびらせる」ために歌う歌、の意味も有り

まで治療に当たった性犯罪者は特定の細部に言及したがらない傾向があった。虐待中に被害者が嘔吐する様子とか、呼吸もできないほど猿轡を咬ましたこととか。直接被害者を相手にして初めて、虐待の完全な、取り繕われない恐怖が明らかになる。

ジーンは自分の人生の明け透けな話を誰にもしたことがなかった。だからそれを打ち明けて貰えることは大変な特権のように思えた。彼女のために証人となり、フラッシュバックに襲われた彼女を優しく「今、ここ」へと導いてやれる。私の願いは、彼女が今の症状は過去に体験してきたことに対する当然の反応であることを理解し、彼女の別の部分がもはや危険はないと安心できるようになることだった。

ジーンは私が泣くところを見せた唯一の患者だ。感傷的ではない、むしろ非情な司法心理学者にとって、クライアントの前で涙を見せるのは通常は御法度。けれどジーンの場合はしかたがないと感じた。何にせよ、それは彼女の話に対する私の、人間としての純粋な反応だったのだ。彼女は、自分に起ったことは間違っており、にも関わらず起きてしまったことを心から残念に思う人がいる、ということを知る必要がある。

ジーンの人格の中で一番頻繁に出て来るのが一〇歳のクレアだった。クレアは彼女と共存していて、彼女の支持者・友人として信頼されていた。クレアは言った、自分の最初の記憶は兄が父親とその友人たちに虐待されているところだと。何度も同じ時を過す内に、ジーンの父は組織化されたペドフィル仲間の一員であり、そこでジーンと兄は売買されていたという事実が判明した。

クレアがジーンの仲間であり、彼女が恐怖を感じた時に頼れる存在だったのに対して、もう一人の他我であるドルーは厄介者だった。ジーンの破壊的行動や自殺未遂、自傷行為のほとんどを駆り立てたのはドルーだった。病院職員にとって、ジーンの中で最も受け入れがたいのがドルーだった。

興味深いことに「ドルー」はまたジーンの兄の名前でもあった。一六の時に家出して、以来二度と会っていない。彼は自ら命を断っていたのだが、そのことをジーンが知るのは遙か後のことだ。兄が死んで、孤独に埋葬されたという考えはジーンにとっては耐えがたいものだった。以来ドルーは彼女の一部となり、彼女が兄に対して感じた強烈な喪失感、怒り、罪悪感を担う存在となった。ドルーに解離した後、再びジーンに戻った時、彼女はドルーの行動は何も知らないと訴える。既に疑念を抱いている病院職員にとって、これはあまりにも都合の良すぎる、疑わしい記憶喪失に感じられた。彼らにはドルーの狂態は受け入れられるものではなかったのだ。

ジーンの第三の他我ベルは全く喋らない。たぶん、まだ話せないほど幼い頃に囚われているのか、あるいは話すことがないのかも知れない。けれど彼女は絵を描いた。

顔のない男たちが子供たちの手を取っている。ベルは左利きだが、ジーンは右利き。私は時々、ベルが静かに左手で絵を描いている時にジーンが右手で字を書いているのを見た。両手を同時に動かしている。確かに気持ちが悪い。職員たちは、ジーンは何かに取り憑かれていると噂し始めた。

これが初めてではないが（最後でもないが）、ここのメンタルヘルスのプロフェッショナルたちはこれさえなければ本当に極めて有能な方ばかりなのに、と私は思った。ジーンの行動に対する論理的で心理学的な説明を受け入れるよりも、悪魔の憑依がどうのこうのとか言って喜んだり、患者のことを他人を操作しようとする悪人だと決め付けたりするのだ。心理学的に言えばジーンは自己の感覚が解離し、それぞれの部分が精密で創造的な生存戦略を駆使しているだけのこと。何も悪霊に取り憑かれているわけではない。ただ分れているだけ。それと、両手利きってだけだ。

だけどたぶん、職員たちだってある意味では解離している。たぶんジーンが潜り抜けてきたことに対する共感と嫌悪があまりにも強過ぎて、理解できないんじゃないかと思う。それか、ジーンや彼女みたいな人たちの体験のリアリティは、ごく普通の安楽な育ち方をしてきた人からするとあまりにも異質すぎて、完全には理解できないか。だけどこの私は不幸にも、犯罪者たちを相手して来たお陰でペドフィリアの後ろ暗い世界を嫌と言うほど目撃してきたし、さほど想像力を働かせなくても、彼女が体験してきたことを理解もできる。たぶん私の方が、彼女の身に起ったことを受け入れることができるのだ。ジーンの「障害」は実際、虐待を受けていた時期には効果的で必要不可欠な戦略だった。けれど解離は、成人後の彼女には全く助けにならなかった。この戦略を事実上、人生においてずっと使ってきたために、それを辞めるなんてことはできないんだと私には解る――自分の考え、感情、体験、記憶の全てを自分のものとして受け入れ、「あたしたち」じゃなくて単数の「あたし」になることはできないんだって（けど正直言って、私たちの中で本当に自分自身の全ての面を全肯定で受け入れきれる人なんている?）。それに、大親友であるクレアを諦めるなんて、彼女にとっては大きな喪失だろう。そこで私たちのセッションでは、彼女がこれ以上自分を危険に曝さないこと、もしも彼女が自分の精神の危険な部分――ドルー――の方へ流されそうになった時には簡単なグラウンディングのテクニックで踏み留まれるようになることを目指した。これは実に簡単なことで、自分の両足が地面に着いていることを認識したり、安心ビーズ紐を使って意識を自分の身体に戻したり、周囲にあるものに集中してその名前を声に出して言ったりするようなことだ。兄の命日に、病院の庭に彼のために林檎の樹を植えた。そして彼の人生について語り合い、祝福した。この小さな認知の行為によって、彼女のトラウマは治癒へと向かい始めた。

*

治療という観点から見れば、私たちのセッションは成功だったと感じた。だけど心理学セッションの外側では、物事はそんなに薔薇色ではなかったのだ。ジーンは規則に従おうとしなかった。病院の入所者であるジーンは、決まった時間に起きて、決まった時間に提供される食事をして、スケジュール通りに活動に参加して、入浴を監視されて——ジーンにとっては最も難しかったことだが——注射のために求められた時間にズボンを脱がねばならない。

ここは刑務所ではないし隔離病院でもない。ジーンには犯罪歴もないし有罪判決も受けていない。けれどもここにもまた施設が定めた、個人の自律と尊厳を奪いコントロールしようとするやり方がある。ジーンはそれが気に入らない。だからルールに従いたくない時にははっきりそう言った。些細なことで職員と喧嘩になった。ある朝には、ポテチは朝食にならないと言われて罵り合いになった。私たちは彼女に大人としての首尾一貫した行動を求めていながら、自分のことは自分で決めるという大人としての当然の権利を許さなかったのだ。彼女は喚き散らし、ドアを叩きつけ、床を踏みつけ、ものを投げた。他の患者たちの目の前で。

彼女を担当する心理学者としては苦悩する場面だ。ジーンはその規則に従わない行動のために誹られている（ある看護師は言った、「私はここに病気の人を助けに来ているのです。彼女は単にタチが悪いだけです」）。だけど私は個人的には彼女の闘いを賞賛せずにはいられない。彼女の中にノーを言う精神が残されていることを誇りに思う。そもそも、子供の頃にノーを言う権利を奪われたからこそ、彼女はここに来ることになったのだ。はっきり言うけど、彼女が一部の人に「ファック・オフ」って言ってもいいじゃない、彼女がそうしたいんなら。私たち――幸運な者たち――は、虐待者の被害者がそのトラウマに対応するやり方をもっと尊重できないの？　食べさせたい朝食を食べなかったと言って、さらに追加の屈辱と罪悪感を与えるんじゃなくてさ。どうして私たちは、一番信頼する人々から虐待された子供たちの体験こそ、人類最悪のものだって認められないの？　そもそも人をリハビリする上で私たちが目標としているものってどういう人？　単に受け身的で従順な患者なの、それともちゃんと自分の主体性の感覚を持つ人なの？

ジーンは病院でのチーム・ミーティングで、特に不愉快な論争の主題となった。管理者は彼女への弾圧を求め、もしも次に反抗的な態度を採ったら即拘束して、誰の所為でそうなったのか思い知らせろとまで言った。

彼女を晒し者か何かみたいに身体的に抑えつけることは、単に不必要というだけではなく、さらに深いトラウマを植え付けることになる。それは彼女の受けた虐待に瓜二つだからだ。誰かに教訓を叩き込むための後ろ暗い技術は、善良な心理学者の道具箱の中にはないのだ。そして処罰としての拘束なんて、私の目の届くところでは絶対にやらせはしない――確かにジーンは醜悪だし無礼千万だし、その身体の大きさからして脅威ではあるけれど、実際に物理的に危険というわけじゃない。そのミーティングでは結局、最後に管理者が憤然と部屋を出て行った（ラッキーだった、というのも、それ以上長引いていたら私が自分を拘束する羽目になってただろうから）。入所者たちの潑溂たる多様性にもかかわらず、結局のところ、ここにもやはり不文律としての入所基準があるんだ、と思った。「困難」じゃない患者を、微妙に選り好みしているんだ。

ジーンの周囲のあらゆる熱が、不可避的な結論へと彼女をどんどん追い立てた。病院職員にとっては、それはまさしく彼女がBPDである更なる証拠に他ならなかった。もしかして最初からそのつもりだったわけ？　ジーンが規則や病院側の期待に反すれば反するほど、ますます規則や期待が積み上げられた。彼女に対する職員の嫌悪は明白となった。特に本人にとっては。自分は本質的に悪なのだという根深い感覚は悪化する一方だった。まさしく自己成就予言の典型だ。

そんなある日、ジーンは窓をぶち破って無断外出した。警察が、公園でバカルディ・ブリーザーを呑んでいた彼女を発見した。彼女はドルーがやったと言ったが（窓の件はそうかもしれないが、呑んでいたのはあからさまにジーンだ）、看護職員は信じなかった。私は信じたけれど、ドルーはあなた自身の怒っている部分だから、その責任はあなた自身が取る必要がある、ともう一度説明して、ジーンは納得した。だけどセラピーで学びたいという意志に反して、彼女は病院側が望む時間制限内で、望む通りのやり方でこれを満たすことができなかった。

ついに私は、このティーポットカバーみたいな病院は彼女にとって相応しい場所ではないと認めるに至った。彼女の所為だとは認めなかったけれど。私たちはあまりにも頻繁に、患者が治療に向かないと決め付けすぎる。本当はもっと適した治療をもっと一所懸命に試すべきなのに。

立ち去る日、彼女は割り当てられた寝室から職員に引っ立てられた。週に六時間、ケアワーカーの手伝いを受けていた部屋だ。立ち去る前、彼女は兄のために植えた林檎の木を地面から引き抜いた。泣きながら、ここに居させて、良い子になるから、もう二度と悪戯はしませんと言った。悔い改めた子供の言葉で、猫のぬいぐるみを握り締めたまま。

ジーンはどうなったのだろう、としばしば思う。一度、Facebookのフレンド申請をして来たことがある。元担当セラピストという立場としては受けられなかったけれど。それでもセラピーは受け続けていて欲しい。

彼女はいつも、自分の身に起きたことは自分の所為だと考えていた。特に兄の自殺については自分を責めていた。そうではないと気づいてくれるのを願うばかりだ。

＊

二〇一六年夏のこと——当時はまだ知らなかったが、この年の一〇月には女性病院での仕事を辞めた。そこでの仕事は純粋に好きだった、女たちが自分の人生の手綱を取るのを助け、新たな始りに向かって送り出すことは。実際には彼女らのほとんどは再び自由になりたくてうずうずしているが、中には出て行きたがらない者もいる（「恋煩い」のマヤみたいに。彼女は最終的にはもっと自立的なホームに移った）。彼女らは、私の一番のお気に入りの看護師言うところの「UGGセラピー」を受けることになる——自立を促すために、ごく優しくケツを蹴飛ばしてやることだ。あの小さな病院の系列に入って、個別化された意義深いケアに携わるのは、最高にインパクトのある心理学実践に近いものだった。

けれどそんな私たちの許をジーンは去った。蹴り飛ばすことも喚き散らすこともなく、本当の苦悩の中で、居させてくださいと乞いながら。彼女はトラウマの克服を望んでいた。だけど私たちは彼女の無害通行を拒んだのだ。あの無慈悲な瞬間は私の口の中に苦々しいものを残した。どれほどすすいで吐き出しても、取り除くことはできないだろう。私はこの上なく楽天的なマインドセットで女たちの治療に専念してきたが、そのシステムは加害者と同様、ジーンのような被害者の役にも立たなかった。マーク・ブリッジャーの裁判を見た後に感じた憤懣は依然としてあった。単に転移しただけだ。痛みが手から足に移っただけだ。

彼女が出て行ってから、一連の出来事を経て、私は実際には何か大きなものと結託しているのではないか、初めから丸見えのところに隠れていた怪物に餌をやっていたのではないか、との思いに取り憑かれた。

ジーンは金曜日に去り、次の日曜の朝、私は家のすぐ外でクルマに轢かれそうになった。犬の一匹を連れ出し、顔に陽が当たるシンプルな感覚を楽しんでいた時だ。そのクルマは——ごく普通の中間管理職的なモデル——どこからともなく突然目の前に飛び出してきた。危うく敷石に乗り上げ、私かフォズチョップスを轢き殺していたところだった。怪我はなかったけど、何か意図的に私を脅そうとしてやったような感じだった。道路は静かでがらんとしていて——態とでなければ、イキナリ私の目の前に出て来る理由がない。

それからクルマはスピードを落として私の横にぴったりくっついた。中の男は直に私を見てにやにやしている。それが近づいて来る時、私はとてもみっともない手のジェスチャーをしていた。彼なのか？　彼のようだが、よく解らない。法廷では意図的に顔を見ないようにしていたし、それに二〇一二年以後、彼からは何の便りもない。けれども何かが、そして数秒間そのクルマがそこに止った感じが、これは単なる事故ではないという感覚を覚えさせた。

それから一週間後に請求書が来た。あの頼んでもいないウェブサイトを立ち上げた同じ男が、今度は二六〇〇〇ポンド支払えと言っている。さもないと不払いで訴えると。ご丁寧に内訳も同封されている。私が背負い込んだという負債の明細だ。彼が私の調査に費やした時間に、財産調査に要した費用、そして――本当に吹き出してしまったが――交通費として五〇〇ポンド。

さらには交渉への招待状まで。私とお会いしたいと。そしてこの件について「円卓」会議で徹底的に議論したいと。首相か。外交交渉にでもご招待いただけるのか。私の人生を無茶苦茶にした男の分際で。またしても爆笑。そのド厚かましさは儚くも滑稽極まる。いやそうではない。

この馬鹿話に対処するため、またしても事務弁護士を雇う。弁護士は彼に手紙を書き、私が彼の円卓会議に出るつもりはないと断言。どんなに美味しいビスケットが出ようとだ。本件は法的処置の濫用として一蹴された。言われなくても解っていたが。けれどもふと気がつくと考え込むようになっていた――これは実際にはあり得ない状況だ。全く見ず知らずの男がこの私を脅迫し、次には請求書を送りつけてくる。それもただ、たぶん、私が生きているから。私は仕事のやり方を変え、人前に出ることを避け、他人様の注目を浴びないように俯き続けて来た。それなのにまだこいつは面白半分に請求書など送りつけてくる。私は虐待的な人間関係の力学と結託しているも同然だと解りかけてきた。

そして猫のビジュが死んだ。

ある朝、犬たちを庭に出すと、ビジュもこっそり付いて行った。シャワーを浴びに二階に上がり、服を着て下に降りると、朝食のために犬たちを入れた。いつものルーティンで、みんな心得たもの。ただこの朝だけが違っていた。裏のドアを開けても、犬たちが戻って来ない。サイドフェンスの下の何かをじっと見詰めている。

それはビジュのふわふわの身体だった。ぐったりしている。駆けつけると、もう死んでいるのが判った。動きも音もない。口が開いていて、白い歯肉と歯が見えた。私は思わずフォズチョップスの方を見た。彼女はそこに座り、私と、死んでしまったビジュを交互に見ている。断固として、あなたがやったの、と訊ねた。チャウチャウにどんな答えを期待していたのか自分でも判らない。私同様、戸惑いながら私を見ている。でも事実だから。

心の奥底では、これが他の動物の仕業ではないことは判っていた。長年犯罪現場の写真を見続けてきた私にはすぐに判った。ビジュの身体には何の痕跡もない。血痕も、争った跡も、歯形も、何も。それに、その気になれば犬たちより素速いということも判っている。よく見ると、体勢が不自然だ。前脚が身体の下にあり、頭は横を向いている。まるで死んだ後でフェンスの中に投げ込まれたみたいに。何者かが轢き殺して、庭に投げ込んだのか？　それとも何者かが首を捻ったのか？判らない。ビジュは一六年にも亘って私の親しい相棒で、死ぬなんて想像したこともない。

でも一つ確かなのは、ペンを執ってフェンスにＪＩＬＬ　ＤＡＮＤＯと書いたのはビジュではないということだ（もしも私の猫がその時、ビックを手に取って自らの墓碑銘を書いたとしたら、「さようなら、今までドリーミーズありがとう」とかそういう文句だったに違いない。お気に入りのスナックだった）。それに気づいたのは翌日、ゴミを出しに行った時だ。ビジュの最後の晩餐もその中にあった。大きな文字で書かれていたわけでもない。三流ホラー映画みたいに不吉な赤いペンキが滴っていたわけでもない。ただごく普通のバイロの書き文字で、フェンスの外側に、子供が悪友にやれと言われ続けて、最後の最後に、誰にも見つかりませんようにと願いながらそっと殴り書きしたみたいに。

ジル・ダンドー。ジャーナリストであり、「クライムウオッチ」のプレゼンテーターだったが、一九九九年に自宅の外で射殺された。犯人は見つかっていない。五年前、あのストーカーはウェブサイトの読者に、「まだまだあります……目を離さないで」と命じた。これは予期していた暴力的脅迫なのか？

警察は彼を逮捕し、示談金を要求する手紙を送ったことに対してハラスメント警告を与えた。これは、誰かの行為がハラスメントを引き起こしたこと、更なる申し立てがあれば逮捕もあり得ることを明言するものだ。それは強迫観念と固着による行動に対しては全く不適切な反応だったのだと思いついた。私の名前の書かれた紙を彼のコレクションに加えてしまったのだ。私と何らかの関係もしくは繋がりを持っているという根拠のない思い込みを助長してしまったのだ。心理学的な泣きっ面に蜂である。

怒りが再び沸き起こるのを感じた。今度のは本能的な、御しがたいものではない。もっと決然たるものだ。会ったこともない男から請求書が届いた。その男は言葉で私を虐待し誹謗し、家に居ても脅迫されていると感じさせ、そして思考を明確化させた。突然、どんなに俯いていても状況は良くならないということがはっきりした。

この苛立たしい、招かれざる状況に関する、すっかり分厚くなったファイルの中の書類――法定文書の第二セット――を整理しながら、私はジーンを思った。私たちは彼女にレッテルを貼り、それから拒絶した。彼女を病気と見なし、再びトラウマを与えた。犯罪を犯したわけでもないのに。そして突然、システムのあらゆる部分が壊れているように見えた。このマトリクスの全ての点――犯罪者と被害者、富者と貧者、男と女、黒人と白人――に、どこを見てもぎらぎらする不平等と欠陥がある。あらゆるレベルのシステム的欠陥がある。犯罪が報告された、あるいはされなかった時から、提示される解決策に至るまで。私はまたも自問せざるを得ない、私はずっと、一貫してその問題の一部だったのか？　私はずっと刑法システムの内部で働いてきた。この迷宮の中を這い進み、クライアントと公衆に可能な限りベストな結果を届けようとしてきた。だけど私は、失敗したみんなのためじゃなくて、選ばれた少数のために機能するシステムをただ支えてきただけだったの？

ジーンはあの樹を根刮ぎ引き抜いて、芝生に叩きつけた。戦うために出て行った、そして私は彼女の魂を引き留める必要があることも知っていた。彼女には私のような声も無く、特権も、プラットフォームもなかった――だけど私なら彼女のために何かができた。彼女がくれた洞察を使ってさえいれば。

私には何かができたのだ、私自身の根を地面から引き抜くだけで。自分自身を問題の一部ではなく、解決の一部とするだけで。ストーカー氏は私が「目を離さない」ようにするのがお好きなようだ。何だかよく判らない、けれど決定的に不吉な何かの約束。だけどママなら言うだろう、「やれやれだわね」。私はあまりにも長く、俯いて過しすぎた。そこばかり見すぎていた。むしろどうにかすべき時なのだ。

エピローグ

私はまだ司法心理学者をやっている。だけどこの頃は、他のルートで変化をもたらすことを選ぶようになった。私の仕事の一部は依然として法廷での鑑定証人で、これだけ長年やっているにも関わらず、来週には何がどうなるのか確信は持てない。けれど同時に私は自分の内なるアクティヴィストを抑え、本当に自分にとって大切な事柄に変化をもたらすための運動家になった。システムに妥協し、不満を抱くのではなく、外側から変化をもたらそうとしている。

私は「家庭内暴力のためのナショナルセンター[1]」の誇りあるパトロンで、それ以外にも多くの慈善団体を支えるために働いてきた。その中には「ルージー・ランプルー・トラスト[2]」も含まれる。この組織はキャンペーン、教育、被害者の擁護を通じて暴力・暴行の危険を減らすために活動している。この慈善団体は一九八六年、不動産業者としてクライアントに家を見せていた時に失踪したスージー・ランプルーを記念している。二〇一七年には警察に対して、ストーキング行為の報告へのレスポンス向上のための訓練を開始した。私自身の経験から、あまりにも不十分だと骨身に染みているものだ。警官が無関心だったというわけではない。耳目を引く殺人事件の件数にもかかわらず、ストーキングの扱いに関する訓練とガイダンスはほとんど存在していなかったのだ。二〇一八年、検察局と警察署長国家評議会は、改善施策の新たな合同パッケージを告知した。これにはハラスメント警告はストーキングのケースでは用いられるべきではないとはっきり指導されている。それはストーカーの強迫観念の根源に訴えかけることができないからだ。また、危ない行動パターンが直ぐさま警察に探知できる新たな手続きも採り入れられている。

ストーキング保護法案を求めるキャンペーンは二〇一九年まで続いた。私たちはストーキング保護令の導入を求めた。これは直ちに被害者を保護するために早めの対処をすると共に、ストーカーに対してそれ以上の犯罪を防ぐための心理学的治療を受けさせる権限を警察に与えるものだ。これは二〇一九年三月に法制化されたが、それを確実に実地に役立たせるためにはまだまだ為すべきことは山積している。

私には幸いにして、これらの問題についての意識を高めるためのメディア・プラットフォームがある。メディアを通じて、犯罪と精神的苦痛の双方について、より良い話し合いをプロモートしている。メディアを通じて撒き散らされている、犯罪と精神「病」に関する使い古された物語は、主としてステレオタイプを助長し、誰もが知らず知らずの内に身に着けている白か黒かの考え方を掻き立てるだけだと確信している。犯罪の報告に関してより繊細かつ注意深くなることができれば、犯罪に対処する方法に関する私たちの話し合いもよりよいものになるだろう。私たちに必要なのは、聞きにくい質問をする勇気を持ち、よりよい解決策を探し始めることができるような、そんなニュースやTV番組だ。

私が大学の一回生だった一九九三年、首相ジョン・メイジャーは私たち全員に、「刑罰を少し重く、理解を少なめに」と要求した。以来、どちらの政党が政権を執ろうと、理解は放棄されて来たように思える。

有罪判決は人間の本能に訴えるメッセージだ。私たちを脅かす人間や思想からできるだけ速く、できるだけ遠くに身を置きたいという欲望。犯罪およびその犯人と対峙した時、「鍵は投げ捨てろ！*」と叫んで、後は目を背ける——目も心も——のは、その根本原因に辿り着こうとするよりも遙かに容易い。犯罪行動は私たちに異議申し立てをする——そんなことは知っているはずなのだ、私は個人的にも職業的にも異議申し立てをされてきたのだから。いつだって、簡単なことではなかった。とんでもない。同情と怒りの両極を感じたことが何度もある。どちらの感情にも呑まれてはならない。それが犯罪を犯した者や極度の苦悩の状態にある者に対する反応を決するようなことがあってはならない。冷静で客観的な論証と、他者の権利に対する敬意の間のバランス——ポール・ブルームが『反共感論』(3)において「合理的な同情」と呼んでいるもの——は達成困難だ。けれども、達成しなければならない。

「これらの人々はどこがおかしいのですか？」と訊ねられた時、それは実際には私のクライアントを「他化」するエクササイズだったのだと気づいた。私たちはルールを破る者を「狂人」もしくは「悪人」とカテゴライズする——そのどちらかでなければならない——彼らがこれこれのことをしたのは精神病だから、悪人だから、あるいは「ここにその日の障害を入れる」だからだ、と言う。それは「これらの人々」の一部に、都合良く隠してしまえるレッテルを提供する。他者を悪魔化し、贖いなど不可能ではないかと思わせる。

それに対するあなたの反応が単に肩を竦めるだけだとしても、まあ解りますよ。だけど考えも見て欲しい、私たちは犯罪者を「異化」しているだけではない、同じことを被害者に対してもやっているのだ。ある人が標的にされたのは、その人がナイーヴだから、弱いから、尻軽だから、あるいはわざわざ危ない目に遭いに行ったから、という言説は聞き飽きている。それから私たちは、犠牲者にされることに対する苦悩の反応を病気扱いするのだ。私たちが彼らに貼り付ける機能障害というレッテルは、その後何年もの間に彼らが味わう経験を決定づけてしまう。

では、それは私たちをどこへ連れて行くのか？ 現在の刑法システムはその目的には合わない。犯罪者に対する「彼らは頭の病気だ、彼らはわれわれとは違う」という態度は、現在の刑法システムを——警官の不足から法律扶助の消滅、そして刑務所まで——現在の危うい状態に置き去りにしている気運の反映だ。

極端な行動を「矯正」するために用いられるシステムは、それが矯正しようとしている人々にトラウマを植え付け、あるいは植え付け直し、収容し、そして無視する。この国の刑務所は特に、私たちが根絶したいと願っているその問題を繁茂させるのに完璧な環境を提供している。

根本的かつ広範な変化が必要なのだ。政治的スローガンではなく、繰り返しの処方でもない。究極的には私たちは皆同じであり ひとつであるということを認めることから始まる。その質問を、「彼らはどこがおかしいのか？」から、全く気まずい、不愉快な質問に変える時なのだ。まずはこう問おう、「彼らに何が起ったのか？」「社会としての私たちに何が起ったのか？」。

これらは根源的な問いである。何故なら極端な行動の原因を個人の中に置く説明を続けながら

＊「二度と檻から出すな」というニュアンス

——それが犯人であれ、あるいは酷いことに被害者であれ——外的な諸力にも目を配っているからだ。人々の行動に影響を及ぼす要素、つまりこの国の法律、文化、生まれた時から積み重ねられる性役割、社会の中に暴力と虐待を涵養するメディアの影響。私たちは極端な行動を、より広いコンテキストにおいて考察する必要がある。レイシズムを初めとする差別のような社会問題。政治的・経済的要素。疎外、権利剥奪と無力化。

私の元クライアントで、フレディ・マーキュリーそっくりの人物が、二人の同業者の間の酷い論争を目撃した。この二人はとあるアンガー・マネジメント・グループで喧嘩になったのだ。一方が他方の顔面を殴り、鼻血を出させた。患者たちにとっては愉快千万で、皆リングサイドで手を叩き、やんやの喝采を叫んだ。私のクライアントはこの出来事について何度も考えた末に得た確かな結論を私に告げた。「心理学者も人間なんだ」。

私たちは皆、唯一の基本条件を共有している——人間だということだ。そして私たちを明白に人間たらしめている一つのことは、必要とあらば感情に流されないことを選ぶ能力だ。そうすることで、どんな困難に対しても創造的な解決策を見出すことができるのだ。

本書で語ってきた物語は、司法心理学者としての、人間としての私を創り上げてきた膨大な体験のほんの一握りに過ぎない。願わくば、人が犯罪から受ける影響は人それぞれだということを示す一助とならんことを。どの犯人も被害者も同じではない。それぞれの人が、語るべき重要な物語を抱えている。けれども、その物語を変えることは可能だ。予防はいつだって治療より良いのだから。極端な行動の根本原因を深く見ることで、私たちはあたらしい始まりを書くことができるのだ。

註と参考文献

第1章

（1）　数字はThe British Psychological Society、二〇一八年八月

（2）　Commons Library Briefing Paper CBP-04334, https://researchbriefings.files.parliament.uk/documents/SN04334/SN04334.pdf 二〇一八年七月二三日閲覧。The Howard League は刑務所の人口に関する大量の統計を提供している。https://howardleague.org

（3）　Moller, A., Sondergaard, H.P. and Helstrom, L., 2017, 'Tonic immobility during sexual assault-a common reaction predicting post-traumatic stress disorder and severe depression', *Acta Obstetricia et Gynecologia Scandinavica*, 96(8), pp932-38

第2章

（1）　Fazel, S., Ramesh, T. and Hawton, T., 2017, 'Suicide in prisons: an international study of prevalence and contributory factors', *The Lancet Psychiatry*, 4(12), pp946-52

（2）　Edgar, K. and Rickford, D., 2009, 'Too Little, Too Late: An independent review of unmet mental health need in prison', The Prison Reform Trust, www.prisonreformtrust.org.uk/Portals/0/Documents/Too%20Little%20Too%20Late%20-%20a%20review%20of%20unmet%20mental%20health%20need%20in%20prison%20.pdf

第3章

（1）　Gibbons, J., 2013, 'Global Study on Homicide', United Nations Office on Drugs and Crime, www.unodc.org. また、Office for National Statistics, 2017, 'Homicide', も参照。www.ons.gov.uk/peoplepopulationandcommunity/crimeandjustice/compendium/focusonviolentcrimeandsexualoffences/yearendingmarch2016/homicide

（2）　また、Karen Ingala Smith, 'Sex differences and Domestic Violence Murders'、https://kareningalasmith.com/counting-dead-women/ および Long, J., Harper, K. and Harvey, H., 2017, 'The Femicide Census: 2017 findings' も参照。https://www.femicidecensus.org.uk

（3）　例えば、Walby, S. and Towers, J., 2017, 'Measuring violence to end violence: mainstreaming gender', *Journal of Gender-Based*

Violence, 1(1), pp11-31 およびMyhill, A., 2017, 'Measuring domestic violence: context is everything', *Journal of Gender-Based Violence*, 1(1), pp33-44. を参照。また、Office for National Statistics, 2018, 'Domestic abuse in England and Wales: Year ending March 2018' も参照。www.ons.gov.uk/peoplepopulationandcommunity/crimeandjustice/bulletins/domesticabuseinenglandandwales/yearendingmarch2018

第4章

（1） Amy Cuddy 2012, www.ted.com/talks/amy_cuddy_your_body_language_shapes_who_you_are?language=en

（2） Caplan, Paula J., *They Say You're Crazy: How the world's most powerful psychiatrists decide who's normal*, Da Capo Press (1995)

（3） Rosenhan, D.L., 'On being sane in insane places', in Scheff, T.J. (ed.), *Labeling Madness*, Prentice-Hall (1975)

第5章

（1） Owen, P.R., 2012, 'Portrayals of schizophrenia by entertainment media: a content analysis of contemporary movies', *Psychiatric Services*, 63(7), pp655-9

（2） 'Violence and mental health: the facts', 2019, Time To Change, を参照。www.time-to-change.org.uk/mediacentre/responsible-reporting/violence-mental-health-problems

（3） 批判的な批評としては、'Risk distortion and risk assessment', in Sidley, G., *Tales From The Madhouse*, PCCS Books (2015) を参照。

（4） 例えば、Falshaw, L. et al., 2003, 'Searching for "What Works": an evaluation of cognitive skills programmes'. Home Office Research, Findings 206. を参照。批評は、Forde, Robert A., *Bad Psychology: How forensic psychology left science behind*, Jessica Kingsley Publishers (2018) を参照。

（5） http://image.guardian.co.uk/sys-files/Society/documents/2004/02/12/Bennett.pdf

（6） 例えば、Equality and Human Rights Commission (EHRC), October 2018, 'Is Britain Fairer?' を参照。www.equalityhumanrights.com/en/publication-download/britainfairer-2018. また、Servicegovuk, 2019, を参照。www.ethnicity-facts-figures.service.gov.uk/health/access-to-treatment/detentions-under-the-mental-health-act/latest

（7） 'Mental health labels can save lives. But they can also destroy them', *Guardian*, 24 April 2018

（8） Kinderman, P., *The New Laws of Psychology:Why nature and nurture alone can't explain human behaviour*, Constable &

Robinson (2014). を参照。さらなる情報は、www.madintheuk.com and www.adisorder4everyone.com
（９） Millham, A. and Easton, S., 1998, 'Prevalence of auditory hallucinations in nurses in mental health', *Journal of Psychiatric and Mental Health Nursing*, 5, pp95-9

第６章

（１） Gresswell, D.M. and Hollin, C.R.,1994, 'Multiple murder: a review', British *Journal of Criminology*, 34, pp1-14
（２） 詳細に関しては、Canter, D. and Youngs, D., *Investigative Psychology: Offender profiling and the analysis of criminal action*, John Wiley & Sons (2009) を推奨する。
（３） Office for National Statistics, 2017, 'Overview of burglary and other household theft: England and Wales', www.ons.gov.uk/peoplepopulationandcommunity/crimeandjustice/articles/overviewofburglaryandotherhouseholdtheft/englandandwales#what-are-the-long-term-trends
（４） Ekman, P., Telling Lies, W.W. Norton & Company (2009) を参照。
（５） Archer, D.E. and Lansley, C.A., 2015, 'Public appeals, news interviews and crocodile tears: an argument for multi-channel analysis', www.euppublishing.com

第７章

（１） Forde, Robert A., *Bad Psychology: How Forensic Psychology Left Science Behind*, Jessica Kingsley Publishers (2018)
（２） Office for National Statistics, 2018, 'Sexual offences in England and Wales: year ending March 2017', www.ons.gov.uk/peoplepopulationandcommunity/crimeandjustice/articles/sexualoffencesinenglandandwales/yearendingmarch2017
（３） Williams, W.H. et al., 2018, 'Traumatic brain injury: a potential cause of violent crime', *The Lancet Psychiatry*, 5(10), pp836-844
（４） Hewson, A., 2018, 'Bromley Briefings Prison Factfile Autumn 2018', The Prison Reform Trust, accessed online at www.prisonreformtrust.org.uk/Portals/0/Documents/Bromley%20Briefings/Autumn%202018%20Factfile.pdf

第８章

（１） Amnesty International, 2018, 'Online abuse of women is widespread in UK'. accessed online at www.amnesty.org/en/latest/

news/2018/12/crowdsourced-twitter-study-revealsshocking-scale-of-online-abuse-against-women/
（2） *Homicides, Firearm offences and intimate violence 2009/10; Supplementary Volume 2 to Crime in England and Wales 2009/10*, 2nd Edition, Home Office Statistical Bulletin 01/11 を参照。
（3） Monckton- Smith, J., Szymanska, K. and Haile, S., 2017, 'Exploring the Relationship between Stalking and Homicide', Suzy Lamplugh Trust, http://eprints.glos.ac.uk/4553/
（4） Mullen, P., Pathe, M. and Purcell, R., *Stalkers and Their Victims*, Cambridge University Press (2009)
（5） Heller, Joseph, *Catch 22*, Vintage (1955)
（6） www.stalkingriskprofile.com を参照。
（7） Hart, S.D., Hare, R.D., and Harpur, T.J., 'The Psychopathy Checklist – Revised (PCL-R): An overview for researchers and clinicians', in J.C. Rosen and P. McReynolds (eds), *Advances in Psychological Assessment*, Vol. 8, pp103-30, Plenum Press (1992) を参照。一般読者向けとしては、Hare, R., *Without Conscience*, Guilford Press (1999) を参照。
（8） Ronson, J., *The Psychopath Test*, Picador (2011)
（9） Brooks, N. and Frizon, K., 2016, 'Psychopathic personality characteristics among high functioning populations', *Crime Psychology Review*, 2(1), pp22-44
（10） 例えば、Skeem et al., 2011, 'Psychopathic personality: bridging the gap between scientific evidence and public policy', *Psychological Science in the Public Interest*, 12(3), pp95-162. を参照。一般読者向けとしては、Forde, R.A., *Bad Psychology: how forensic psychology left science behind*, Jessica Kingsley Publishers (2018) を参照。
（11） Cooke et al., 2005, 'Assessing psychopathy in the UK: concerns about cross-cultural generalisability', *British Journal of Psychiatry*, 186, pp339-45

第9章
（1） *Independent*, 3 September 2018, www.independent.co.uk/news/uk/homenews/uk-online-sex-threat-80000-people-children-nationalcrime-agency-a8519606.html
（2） Newiss, G., 2013, 'Taken: A study of child abduction in the UK. Parents and Abducted Children Together (PACT) and the Child Exploitation and Online Protection Centre (CEOP)', www.actionagainstabduction.org/wp-content/uploads/2015/02/Taken.pdf

第10章

（1） Tallis, Frank, *The Incurable Romantic: and other unsettling revelations*, Little, Brown (2018)

第11章

（1） 解離体験に関する情報とサポート、および専門家向けの情報に関しては、PODS (Positive Outcomes for Dissociative Survivors), www.podsonline.org.uk を参照。

エピローグ

（1） www.ncdv.org.uk. オンラインもしくは電話: 0207 186 8270

（2） www.suzylamplugh.org, National Stalking Helpline: 0808 802 0300

（3） Bloom, P., *Against Empathy: The case for rational compassion*, Vintage (2016)

謝辞

まず初めに、この回想録の執筆にずっと連れ添ってくれたサラ・トンプソンに感謝せねばならない。何時かその内、私が連れ込んで罰の悪い思いをさせたたくさんのコーヒーショップにまた歓迎されますように。それと、ダニエル・コールマン＝クックの助言、情報、励ましがなければ、最後の行まで辿り着けなかった。

本書は、Tidy Management のシルヴィア・ティディ＝ハリス（とフレッダーズ）がいなければ書かれていなかった。あなたは単に偉大なエージェントであるのみならず、私が出会えて良かった最高の人でもある。また、Jonathan Conway Literary Agency のジョナサン・コンウェイ、クローディア・コナル、それに Octopus の素晴らしいチーム全員に感謝を。私の話に潜在力を見出してくれてありがとう。本書が Endeavour のロゴを担うのを誇りに思う。

本書の草稿に「一般人」目線のフィードバックをくれたスーザン・ブラッドリーに特別の感謝を。時には、これから何年も悪夢の中で、ショックを受けたビーカーのミームを見るのは嫌だし恐いけど、あなたのタフな愛、助言、励ましが私に拍車を掛けてくれた。

ゲイリー・シドリーに、本書で使われた言語の監督と、全ての作業を通じて書き続けることを促してくれた催促にたくさんの感謝を。それと、Drop The Disorder の編纂者ジョー・ワトソンにも。

精神病の文化に関するあなたの刺激的な問いかけは、私も深く共感する。あなたの革命に喜んで参加しよう。

犬たちを散歩させた公園の小さなカフェのケイトに。本書はあなたのお茶、チーズとオニオンのトーストサンド、それにUGGセラピーによって元気づけられた。たくさんのコミュニティ・スピリットに溢れた気さくで安全な空間は、あなたが思っている以上に多くの人たちを元気にしている。私はヴェジタリアンだから、ベーコンの欠片はあなたが思っている以上にフォズチョップスとハンフリーを元気にした。

長年に亘って共に仕事をした同僚たちにも感謝と尊敬を。日々の困難、限定的なリソースに直面し、正当な評価も得られない環境で、ユーモアと共感、それにポジティヴな影響を与えたいという情熱を維持し続けていた——みんな自分をよく知っている。

そして最後に、私の家族に。死ぬほど心配している。認めたくないかもしれないけど、あなたたち三人は本書のどのページにも書かれている。何故ならみんな私の中に書込まれているから。言葉にならないくらい感謝してる。

翻訳者あとがき

本書はケリー・デインズ著『精神の暗黒面　司法心理学者としての私の生涯からの実話』（Kerry Daynes, *The Dark Side Of The Mind: True Stories From My Life as a Forensic Psychologist*, Endeavour, London, 2019）の全訳である。邦題はやや包括的な印象を抱かせるものとなったが、内容的には一般な犯罪者の心の仕組みを解明するものというよりも、長年の間、有能な司法心理学者として活躍してきた著者の自伝的な色彩が色濃く出た著作と言えよう。すなわち職業上、幾度も潜り抜けてきた数々の修羅場体験の中から、自らの印象に強く残った犯罪加害者や被害者を取り上げ、彼らの心の中で一体何が起っていたのかを探り、それに対して著者は何を感じ、何を考えたのかを生々しく記していく筋立てとなっている。特に、犯罪の加害者・被害者双方に対する世間一般の、あるいはその道のプロフェッショナルとされる人々の間にもしばしば見られる無理解や偏見に敢然と立ち向かう著者の活躍が活写されている。著者自身、本書の内容を次のように纏めている――

「二〇年以上に亘って司法心理学者として過した私は、刑務所で、病院で、法廷で、警察署で、そしてどこにでもある住宅街や街の中で仕事をしてきた。ルールブックに則って競技をするわれわれにとっては、敢えてそれを破り捨てることを選んだ人間ほど魅力的で忌々しい存在は滅多にない。本書で開陳する物語は、たぶん新聞には載ることのないものだ。胸の張り裂けるような話もあれば、腹立たしいものもあり、また単に異常すぎるからという理由で取り上げたものもある。それらの共通点は、われわれが共有する人間の状態についての洞察を提供してくれることにある」。

ここにも記されているごとく、著者ケリー・デインズは二〇年以上に及ぶ豊富な経験を持つ司法心理学者であり、英国公認心理学者、英国心理学協会アソシエイト・フェロウ、英国学術審議会公認会員、ヘルスケア専門職評議会登録司法心理学者など、錚々たる肩書きを持っている。専ら英国内の重犯罪刑務所や中度隔離病院、法廷、警察署、地域共同体などを活躍の場としつつ、極めて困難な状況にあるクライアントを扱い、症例の改善に導く有能な実践者としての名声を確立してきた。二〇〇二年の独立開業以来、警察の主要な事件の捜査に助言を与えたり、またハイリスクな個人の安全な管理に関して政府にアドヴァイザーとして招かれることもしばしばあり、二〇一三年からは一連のメンタルヘルス系病院での業務も開始。メンタルヘルスと福祉に関する人々の意識向上を唱道する活動をライフワークとして、英国DVセンター、およびPTSD問題を扱う慈善団体であるトーキング2マインズのパトロンも務めている。

また、その卓越したコミュニケーション能力により、早くから英国内のみならず国際的にも強い影響力を持つメディアの寵児として活躍。全国紙に何度も取り上げられ、国際TVネットワークにも定期的にコメンテイターとして登場している。これまでに出演したメディアには、ヒストリー・

チャンネル、ディスカヴァリー、CBSリアリティ、クライム&インヴェスティゲイション・ネットワーク、BBCインターナショナルなどがある。

現代英国を代表する司法心理学者と言っても過言ではない著者が、犯罪者やその被害者のみならず、また自分自身の「精神の暗黒面」を明け透けに曝け出す本書は、原題通り人間精神の闇の深淵を覗き込みたい人は言わずもがな、現代における犯罪や犯罪者を取り巻く状況をフェミニズムやジェンダーといった観点から考察したい人にとっても好適かと思われる。

犯罪者の心のなかでは何が起きているのか

ある司法心理学者がみた犯罪者たち

2020年 4 月 1 日　第1刷印刷
2020年 4 月15日　第1刷発行

著者——ケリー・デインズ
訳者——松田和也

発行人——清水一人
発行所——青土社
〒101-0051　東京都千代田区神田神保町1-29　市瀬ビル
［電話］03-3291-9831（編集）　03-3294-7829（営業）
［振替］00190-7-192955

印刷・製本——シナノ印刷

装幀——竹中尚史

Printed in Japan
ISBN978-4-7917-7246-9　C0011